Robert Elger

PERMAKULTUR LEICHT GEMACHT

Selbstversorgung im Einklang mit der Natur

HEEL

IMPRESSUM

HEEL Verlag GmbH
Gut Pottscheidt
53639 Königswinter
Tel.: 02223 9230-0
Fax: 02223 9230-13
E-Mail: info@heel-verlag.de
www.heel-verlag.de

5. Auflage 2021

Fleurus Editions, imprint Rustica, 15/27 rue Moussorgski, 75018 Paris
www.rustica.fr

Originaltitel: Découvrir la permaculture
Original.ISBN: 978-2-8153-0779-6

Fotos ©
Fotolia: U1 o. hiphoto39, U1 u. Ingo Bartussek
iStockphoto: S. 4–5, 33, 45, 46, 47, 48, 66
Rustica: Franck Boucourt: S. 17; Éric Brenckle: S. 60, 65; Christian Hochet: S. 15, 22, 24, 43, 50, 69; Virginie Klecka: S. 34; Frédéric Marre: S. 6, 9, 10, 13, 17 (1, 2, 3), 19, 29, 30, 53, 54, 56, 58, 59, 60 (1, 3, 4), 62, 63, 64, 67, 70; Alexandre Petzold: S. 12.

Deutsche Ausgabe:
Übersetzung: Christina Meuser, Bonn
Satz: gb-s Mediendesign, Königswinter
Coverdesign: Axel Mertens, Königswinter
Lektorat: Helge Wittkopp

Printed in Slovakia

ISBN 978-3-95843-580-3

INHALT

PERMAKULTUR – WAS IST DAS?

Einen Permakulturgarten zu bewirtschaften bedeutet, sich auf nachhaltige, energiesparende und gleichzeitig besonders produktive Gartenarbeit einzustellen. Ohne Ihren Körper oder Ihre Finanzen zu strapazieren, haben Sie am Ende ein optimiertes Umfeld geschaffen, in dem der Garten ein sich selbst erhaltendes System darstellt.

Die Methoden der Permakultur bemühen sich, egal ob neu konzipiert oder schon sehr alt, stets darum, natürliche Lösungen für die immer wiederkehrenden Probleme des Gärtners zu finden: von der Vorbereitung des Bodens und seiner Düngung bis zu den Daueranforderungen des Anbaus, Wasserbedarfs und der Eindämmung unerwünschter Gäste – Unkraut, Schädlinge und verschiedene Parasiten –, mit dem erklärten Ziel der Optimierung der Ernte, was Menge und Qualität betrifft.

Diese in den 70er Jahren entwickelten Gartentechniken beruhten vor allem auf Maßnahmen des gesunden Menschenverstandes: keine Bodenbehandlung,

WARUM „PERMAKULTUR"?

In den 1970er Jahren entwickelten die beiden australischen Umweltschützer Bill Mollison und David Holmgren die Grundlagen der Permakultur und gaben ihr den Namen *Permaculture* – eine englische Zusammenziehung aus den Wörtern *permanent agriculture*, also „ununterbrochener Ackerbau".

Abfall-Recycling durch Kompostierung, Diversifizierung der Anbauweise, Anwendung ökonomischer Techniken und, ganz allgemein, ein systematischer Kampf gegen die Verschwendung. Bis heute geht es darum, sich des Vorhandenen zu bedienen und den Wert des Bestehenden so gut wie möglich zu nutzen. Was aber nicht heißt, sich abzuschotten. Ganz im Gegenteil: hier oder anderswo, in der Stadt wie auf dem Land, in unterschiedlichen Klima- und Geländeformen ist ein Permakulturgarten immer ein offener Ort, der sowohl seine nahe als auch die entfernte Umgebung offen aufnimmt.

Nichts wird von vornherein verworfen und alles ist potenziell integrierbar. Es geht darum, zu sehen, zu tun, auszuprobieren, zu beobachten und sich umzuorientieren. Nachhaltig, aber niemals statisch. Die Bestimmung eines Permakulturgartens ist es, sich mit seinem Gärtner zu entwickeln.

PERMAKULTUR IST NICHT NUR EINE GARTENSACHE.

Uns interessiert hier vor allem das Betreiben eines Gartens. Aber über das Gärtnern hinaus kann Permakultur, getreu ihren Grundätzen, auf alle Bereiche des Lebens angewendet werden: von unserem Lebensort und unserer Ernährungsweise bis hin zu der Art, wie wir uns kleiden und sogar wie wir uns pflegen.

Eine starke Inspirationsquelle für die in der Permakultur angewendeten Anbaumethoden ist die Natur selbst. Insbesondere dient hier der Wald, als ein sehr produktives Ökosystem und in unseren Breiten das am wenigsten künstliche, als vorrangiges Vorbild. In der Tat bemüht sich im Gartenbereich die Permakultur darum, Leonardo da Vincis Aufforderung nachzukommen: „Wähl dir nur einen einzigen Lehrmeister: die Natur!"

Der Wald, ein modellhaftes Ökosystem für die Permakultur

DIE DREI SCHLÜSSEL ZUM PERMAKULTUR-ERFOLG

Permakultur bedeutet für die Gartenarbeit, mit geringstem Kostenaufwand eine Umgebung zu schaffen, in der sich die kultivierten Pflanzen von ihrer Anpflanzung bis zur Ernte wohlfühlen.

Trotz einer großen Vielfalt an Lebensräumen, die sich aus den klimatischen Bedingungen und der Bodenbeschaffenheit ergeben, sind die Antworten der Permakultur paradoxerweise stets dieselben und konzentrieren sich auf drei Kernideen: eine stets bedeckte Erde, eine auf das Minimum reduzierte Bearbeitung des Bodens und eine gezielte Vermeidung von Verschwendung durch systematisches Sammeln und Recycling.

Die Umsetzung dieser drei Vorgaben genügt, um ein selbstständiges Wachstum der Pflanzen unter Aufwendung geringer Mittel zu erreichen.

LASSEN SIE DEN BODEN NICHT UNBEDECKT

Warum soll die Erde abgedeckt werden?

Durch die Bodenbedeckung werden negative Umwelteinflüsse abgemildert, weil sie ein physisches Hindernis zwischen der Erde und ihrer Umgebung bildet. Die schädlichen Folgen von Hitze und großer Trockenheit oder auf der anderen Seite von Nässe und Kälte werden durch die Abdeckung des Bodens verringert. Ebenso verringert dieses physische Hindernis das Auftreten unerwünschter Gewächse und verhindert, dass sie in Konkurrenz zu den bestehenden Kulturen treten. Und schließlich verbessert die Abdeckung – ganz gleich, ob sie aus Pflanzen oder organischer Streu besteht – die Struktur und die Reichhaltigkeit des Bodens.

„DER GROßE WEG HAT KEIN TOR"

Der japanische Biologe und Landwirt Masanobu Fukuoka veröffentlichte 1975 das Grundlagenwerk *„Der Große Weg hat kein Tor"*. Darin berichtet er über seine Erfahrungen, die er im Reis- und Gerstenanbau ohne Bodenbearbeitung und mechanische Unkrautentfernung gemacht hat. Das Ergebnis war ein ebenso großer Ertrag wie im klassischen Ackerbau. Wer für Permakultur eintritt, bezieht sich noch heute auf das Buch und seinen Autor.

Der Boden, ein lebendiges Milieu …

In einem an organischen Stoffen reichen Boden wimmelt es von unzähligen Mietern – einige sind gut sichtbar wie Regenwürmer, andere schlecht sichtbar wie Kellerasseln, Tausendfüßler, Käfer- und Zweiflüglerlarven, Milben und Sprungschwänze, und zahlreiche sind gänzlich unsichtbar wie Bakterien und mikroskopische Pilze.

… das man nähren muss

Zerrissen, zermalmt und zerstückelt, dann umgewälzt und umgestaltet, dient die organische Materie der Makro- und Mikrofauna des Bodens als Nahrung. Jeder Bewohner bildet ein Element der langen Nahrungskette, die von der organischen Materie in ihrem Urzustand bis zur ihrer Mineralisierung und ihrer Aufnahme durch die Wurzeln der Pflanzen führt, die sie wiederum in den Lebenszyklus zurückbringt. Diese „Verdauung" der organischen Materie transformiert

Es ist unbedingt notwendig den Boden zu bedecken

Schritt für Schritt einen Stoff, den die Pflanzen nicht aufnehmen können, in mineralische Elemente, die sie je nach Bedarf verwerten können.

Die organische Materie bereichert den Boden, aber nicht ausschließlich …

Das Endergebnis des Abbauprozesses der organischen Materie ist ein dunkelbraunes Material, der Humus. Er ist relativ stabil (er mineralisiert sich pro Jahr um 2 %) und zugleich mehr als ein bloßes Reservoir an mineralischen Elementen. Dadurch, dass er sich auf molekularer Ebene durch den Kalk mit dem Lehm des Bodens verbindet, verschafft er der Erde eine flexible und lockere Struktur, die die Pflanzenwurzeln zu schätzen wissen.

Diese Verbindung aus Humus und Lehm organisiert im Übrigen den Mineralaustausch des Bodens, indem sie diesen Austausch je nach Bedarf bremst oder freigibt.

Nutzen Sie eine pflanzliche Abdeckung

Eine pflanzliche Abdeckschicht ist bei jeglichen meteorologischen Bedingungen (Nässe, Trockenheit oder Frost) vorteilhaft und sie kann überall und auf jeglichen Böden platziert werden. Schwere und kompakte Böden werden durch die systematische Verwendung einer pflanzlichen Abdeckschicht nachgiebiger, wohingegen zu leichte Böden an Konsistenz und Kompaktheit gewinnen. Pflanzliche Abdeckschichten erleichtern zudem die Ernte und verhindern, dass das Obst und das Gemüse durch Erde verschmutzt werden.

Womit soll man den Boden bedecken?

Das Angebot an organischen Materialien, die zur Bodenbedeckung verwendet werden können, hat sich in den letzten Jahren stark erweitert. So sind es heute vor allem wirtschaftliche Kriterien, die die Entscheidung für dieses oder jenes Produkt beeinflussen. Sofern man es nicht von einem Erzeuger vor Ort bekommt, sind im Allgemeinen Mulch, Rizinusölkuchen usw. im Gartenbaumarkt in 50-Liter-Säcken

Lauch, der zum Erzielen eines längeren Schaftes abgeschnitten wurde, mit Abdeckstroh

erhältlich. Da diese Säcke jedoch meist recht teuer sind, ist eine kontinuierliche Verwendung illusorisch, selbst wenn es sich nur um eine kleine Fläche handelt.

Man sollte deshalb den organischen Materialien den Vorrang geben, die aus dem Garten selbst entnommen werden können: Grasschnitt, welkes Herbstlaub sowie gehäckselte Zweige und Äste. Ob unmittelbar auf die Bodenoberfläche aufgebracht oder vorher kompostiert – sie stimulieren die biologische Aktivität des Bodens und vergrößern dabei allmählich den Humusgehalt, in etwa so, wie es im Unterholz des Waldes geschieht.

Zu Beginn, vor allem bei der Wiederurbarmachung eines durch schlechte Anbaugewohnheiten „geschundenen" oder aus verschiedenen Gründen (wie zum Beispiel einem Hausbau) verdichteten Gartens, kann der Rückgriff auf große Mengen organischen Materials, das extra gekauft werden muss, manchmal unerlässlich sein. Da die Permakultur stets besser mit dem auskommt, was sie vor Ort findet, sollte man dafür auch hier lieber die lokalen Möglichkeiten nutzen: So bieten Tierzuchtbetriebe, Pferdepensionen und Reitställe sowie nahegelegene Kompostierungsanlagen (oftmals lose oder in BigBags) umfangreiche Mengen organischer Materie zu einem angemessenen Preis und meist sogar einschließlich Lieferung. Kompostierter Stallmist, Kompost, Hackschnitzel (darunter auch fragmentiertes Zweigholz) können so kubikmeterweise aufgetragen werden.

Stroh, insbesondere zerkleinert und von Getreidebetrieben gebündelt, ist ein hervorragendes Abdeckmaterial für Permakulturgärten – solange es in eckigen Kleinballen zu ungefähr 15 kg gepresst wird und nicht in runden Ballen von einer halben Tonne, die sich natürlich nicht mehr im PKW transportieren lassen.

Recyclingpappe und Jutetücher können ebenfalls als Abdeckung verwendet werden, allein oder in Verbindung mit anderen organischen Produkten. Plastikfolien und Geotextilien sind dagegen in der Permakultur nicht gern gesehen.

Und in welcher Menge?

Die Dicke einer Abdeckschicht variiert je nach Feinheit des gestreuten Materials und der angebauten Pflanzen. Je gröber das ausgestreute Produkt ist, desto dicker kann die Schicht sein. So kann eine Schicht aus gehäckseltem Stroh bis zu 20 cm dick sein, während eine Schicht aus kompostiertem Stallmist, der kaum noch Stroh enthält, auf 3 bis 5 cm Dicke begrenzt werden kann. Im Übrigen verträgt üppig wachsendes Gemüse, das auch von grobem Abdeckmaterial wenig beeinträchtigt wird – wie Zucchini oder Tomaten –, dickere Abdeckschichten als Kopfsalat, Radieschen oder Zwiebeln.

Die Zersetzung der pflanzlichen Abdeckschicht

Hat man eine organische Abdeckschicht aufgetragen, verwandelt sich der darunterliegende Boden zu einer Zone intensiver biologischer Aktivität. Das Lignin, aus dem die organischen Materialien der Abdeckung bestehen, wird zunächst von Bakterien abgebaut, die natürlicherweise die Zellulosefasern bevölkern. Die Zersetzung setzt sich fort und mit der Zeit verwandelt sich die Streu in eine organische, humusartige Substanz, die von Regenwürmern in den Boden transportiert und in einer Tiefe von ca. 30 cm zu einer homogenen Masse umgewandelt wird. Je nach Material und seinem Zersetzungszustand braucht es zwischen drei und acht Monate, bis die Abdeckungsstreu vollständig verschwunden ist. Im Sinne der Permakultur ist es allerdings empfehlenswert, eine neue organische Abdeckung anzulegen, bevor sich die alte ganz aufgelöst hat.

PFLANZLICHE ABDECKUNG ERSCHAFFT HUMUS

In der Permakultur wird der Boden nie als unbelebter Untergrund gesehen, sondern als Einheit mitsamt seiner organischen Dynamik. Er allein liefert den Pflanzen, die auf ihm wachsen, die Düngestoffe. Von „Düngemulch" oder „Düngestrohmulch" zu sprechen, ist folglich ein Pleonasmus: eine organische Abdeckung hat letzten Endes per Definition düngende Eigenschaften.

BEARBEITEN SIE DIE ERDE SO WENIG WIE MÖGLICH

Das Umgraben ist eine grundlegende Tätigkeit des allgemeinen Gärtnerns. Hingegen ist Bodenbearbeitung, die auf ein striktes Minimum begrenzt oder auf die sogar ganz verzichtet wird, das entscheidende Charaktermerkmal der Permakultur. Auch hier wird die Natur imitiert. Schließlich entwickelt sich ein Wald spontan, ohne dass jemand den Boden umhebt. Indem man die organische Oberfläche bewahrt, in der sich vor allem die Humifikation, also die Umwandlung in Humus, vollzieht, behält der Gartenboden auf natürliche Weise und unter geringerem Aufwand seine Weichheit und seine Luftdurchlässigkeit.

Es sollte nur in Ausnahmefällen umgegraben werden

Schluss mit Umgraben …

Mühevoll und langsam, folglich energieaufwendig: Das Umgraben ist eine Aktivität, die den grundlegenden Zielen der Permakultur entgegensteht. Durch das Vermengen der organischen Oberflächenschicht mit den tieferliegenden mineralischen Schichten, werden die Lebewesen im Boden durcheinander gebracht. Diese halten sich in verschiedenen Bodentiefen auf und so wird die natürliche Integration der Streu in die Bodenschichten, die von den Wurzeln der Anbaupflanzen in Anspruch genommen werden, beeinträchtigt. Das Umgraben hat darüber hinaus auch einige aus Gärtnersicht unerwünschte „widernatürliche" Effekte: Beispielsweise gelangen Unkrautsamen, die in der Tiefe vergraben waren, dadurch an die Oberfläche und keimen dort. Wenn es auch nützlich und manchmal sogar unverzichtbar sein kann, um einen zu stark zusammengepressten Boden bei der Einrichtung eines Gartens aufzulockern, darf das Umgraben in der Regel nur ausnahmsweise erfolgen. Und selbst dann sollte es sich auf ein leichtes Umpflügen, das nur oberflächlich mit einem Grelinette-Spaten ausgeführt wird, beschränken.

Das unverzichtbare Arbeitsgerät in der Permakultur: der Grelinette-Spaten

Lieber den Boden lüften als umgraben

Der Grelinette-Spaten ist heute unter zahlreichen Namen, den ihr Entwickler oder Hersteller gegeben haben, verbreitet: Grelinette, Tarabate, Ducoterre usw. Sie hat zwei Griffe und je nach Modell drei, vier oder fünf Zacken. Dieses ergonomische Werkzeug ermöglicht es, den Boden schnell aufzulockern, ohne ihn umzuheben. Die Zacken sind an ihrem Ende abgeschrägt, im Ganzen gebogen und dringen unter dem Druck des Fußes wie eine Grabegabel in den Boden ein. Zieht man die Griffe nach hinten, bewirkt dies ein einfaches Anheben des Bodens, sodass er gelüftet wird. Dies erleichtert die Luftzirkulation und die allmähliche Integrierung der Oberflächenstreu in die Erde. Das Arbeiten mit dem Grelinette-Spaten ist effizient, rückenschonend und liefert größere Erträge. Deshalb sollte in einem Permakulturgarten die Bodenauflockerung mit einem solchen Arbeitsgerät grundsätzlich dem Umgraben mit Spaten o. ä. vorgezogen werden.

Schluss mit der Bodenbearbeitung!

Wenn ein Permakulturgarten nach einigen Jahren seinen festen Rhythmus gefunden hat, sollte auf die Bodenbearbeitung ganz verzichtet werden. Der Humusreichtum, der durch regelmäßiges Auftragen organischer Oberflächenstreu gesichert ist, und das lang- oder kurzlebige Wurzelwerk der vorhandenen Pflanzen sorgen dann für die Lockerheit und Luftdurchlässigkeit des Bodens. Vor diesem Hintergrund sind die kontinuierliche Bodenbedeckung und der gänzliche Verzicht auf Bodenbearbeitung miteinander verknüpft. Jedoch hängt die Geschwindigkeit, mit der die Erde diese ideale Textur erreicht, von ihrer ursprünglichen Struktur ab.

RECYCELN

Beim Wort „Verschwendung" stehen den Freunden der Permakultur die Haare zu Berge, denn in ihren Gärten geht nichts verloren, weder organische Materie noch Wasser. Alles wird verwendet und wiederverwendet und gelangt so schließlich in einen Kreislauf, von dem sie profitieren. So garantiert die organische Materie die Aktivität der Mikroben im Boden, die wiederum für ein besseres Wachstum der Pflanzen sorgen und damit für mehr pflanzliche Materie, die wiedergewonnen wird, um somit ein besseres Wachstum der Pflanzen zu bewirken – und so fort. Als weiteres unverzichtbares Element für Pflanzen fügt sich auch das Wasser – aus dem Pflanzen zu 90 % bestehen – in den natürlichen Zyklus ein.

Das Recyceln der organischen Materie

Der natürliche Zyklus der organischen Materie lässt sich gut anhand des Waldes veranschaulichen, der die im Herbst gefallenen Blätter nach ihrer „Verdauung" wieder in den Kreislauf einführt und so das jährlich neue Wachstum ermöglicht. Auf dem Boden wird diese pflanzliche Materie (wie auch tierische) von einer Menge Organismen zerkleinert. Ein kleiner Teil wird schnell mineralisiert und sofort von den Pflanzen absorbiert, während der Rest von den Pilzen des Bodens in Humus umgewandelt wird und so eine „Reserve" zur Verfügung stellt.

■ Kompost und Kompostierung

Jede pflanzliche Materie ist eine potenzielle Humusquelle und es ist ratsam, keine davon außer Acht zu lassen. Jedoch stellt der Kompost, der aus der Gartenarbeit stammt, heutzutage die Hauptquelle der in Gemüsegärten verfügbaren organi-

DER KREISLAUF DER ORGANISCHEN MATERIE

Humus ist eine bräunliche Substanz, die aus der Zersetzung pflanzlicher Materie entsteht. Er mineralisiert sich schrittweise, um dann wieder von den Pflanzen aufgenommen zu werden. So trägt er zu ihrem guten Wachstum bei und produziert neue organische Materie. Diese Kette von Verwesung/Umwandlung, die von der ersten Makro- und Mikrozersetzung zur Mineralisierung von einfachen Elementen führt, die von den Pflanzenwurzeln resorbiert werden können, ist zwar lang, aber sie funktioniert dauerhaft.

Grasschnitt, aufgesammelt für den Kompost

schen Materie dar, besonders in Permakulturgärten. Denn die Kompostierung ist ein natürlicher, leicht umsetzbarer und effizienter Weg, organische Materie wiederzuverwerten.

■ Recycling zu Hause

Der Kompost, der per Definition ein zusammengesetztes Produkt ist (der Name kommt von einem anglonormannischen Wort aus dem 13. Jahrhundert, das „zusammengesetzter Dünger" bedeutete), kann alle organischen Bestandteile zersetzen – zugegebenermaßen in unterschiedlichem Tempo. Fast alle Produkte pflanzlichen Ursprungs aus Küche und Garten können dazugegeben werden. Zu Holzasche, Obst- und Gemüseschalen, Gemüse und verdorbenen Früchten, Kaffeesatz, Tee und Teebeuteln, Eierschalen, sogar Küchentücher und Papierservietten kommen dann Holz(schnitt)abfälle – vorzugsweise gehäckselt –, gemähtes Gras, welke Blätter, verblühte Blumen, Unkraut (vor der Samenbildung) und Ballen von Pflanzen, deren Kultur ihr Ende erreicht hat. Bestimmte Pflanzen, die als „aktivierend" und ausgleichend gelten wie Brennnesseln, Farn, Beinwell, Holunder, Rainfarn, Schafgarbe, Kamille, Löwenzahn oder Baldrian werden gerne zugesetzt. Hühner- und Kaninchenexkremente aus häuslicher Aufzucht und eventuell sogar Einstreu aus Großställen können ebenfalls dazukommen.

EIN KOHLENSTOFF-ORIENTIERTER GARTENBAU

Indem sie die organische Materie und den daraus entstehenden Humus in ihr zentrales Blickfeld nimmt, unterscheidet sich die Permakultur von den klassischen Methoden der Acker- und Gartenbaukultur, in denen die mineralische Düngung in Form von industriellem Dünger dominiert. In der Permakultur hingegen wird der natürlichen Düngung der Vorzug gegeben. Wenn man es genau nimmt, ist die sicherste Grundlage der Permakultur folgende Besonderheit der Pflanzen: Sie können mithilfe des in den Blättern enthaltenen Chlorophylls spontan unter Lichteinfluss kohlenstoffhaltige Substanzen auf Grundlage des Wassers aus dem Boden und dem Kohlendioxid aus der Luft synthetisieren. Da das Ergebnis dieser Kohlenstoffsynthese – der Fotosynthese – von der absoluten Masse her eindeutig dominiert (die aus dem Boden geschöpften mineralischen Elemente überschreiten nie 20 % des absoluten Trockengewichts einer Pflanze), erlaubt die Permakultur Ihrem Garten nicht nur, sich auf ewig selbst zu genügen, indem er seine Fruchtbarkeit aufrechterhält, sondern auch, allmählich sein Anbaupotenzial zu vergrößern.

■ Oberflächenkompostierung

Ausreichend homogene pflanzliche Materie, gegebenenfalls zerkleinert, kann direkt auf der Oberfläche verteilt werden – egal ob der Boden bearbeitet wurde oder nicht. Da sie kräftig stimuliert wird, nimmt die biologische Aktivität des Bodens die organische Materie allmählich auf. Das Kohlenstoffdefizit, das aufgrund des während der Verwesung entweichenden CO_2 entsteht, und die Auslaugung diverser mineralischer Elemente werden so auf ein Minimum reduziert. Also: weniger Verlust. Und auch weniger Eingriffe, deshalb sollte die Oberflächenkompostierung bevorzugt werden, wann immer es möglich ist. Denn diese Methode verbessert die Struktur des Bodens und seine Fruchtbarkeit kurz-, mittel- und langfristig und hat dabei nur dann Nachteile, wenn die zu wenig zersetzte organische Materie zu früh in den Boden gelangt. In der Praxis werden die verschiedenen pflanzlichen Materien regelmäßig direkt auf der Erde verteilt, für gewöhnlich am Fuß der im Wachstum befindlichen Pflanzen.

■ Komposthaufen

Die Haufenkompostierung besteht darin, dass die organischen Stoffe zunächst zurückgehalten werden, um sie einer ersten Verrottung auszusetzen. Die Pflanzen werden dann in mehr oder weniger hohen und breiten Haufen aufgeschichtet (Gartenprofis schichten meist Haufen, die 1,50 m hoch und 3 m breit sind). Die Temperatur der Pflanzenmasse steigt und erreicht im Kern, sofern die Lüftung ausreichend ist, bis zu 80 °C. Weil die steigende Temperatur die Entwicklung der mineralisierenden Bakterien verhindert, sorgt sie dafür, dass der Kompost seinen Mineralreichtum behält. Im Idealfall kann junger Kompost nach acht Wochen verwendet werden.

EINEN KOMPOSTHAUFEN ANLEGEN

Beginnen Sie im Frühling und wählen Sie einen schattigen Ort.

❶ Beginnen Sie an der Stelle des zukünftigen Komposthaufens mit der Auflockerung der Erde mithilfe eines Grelinette-Spatens.

❷ Legen Sie größeren Grünschnitt auf den Boden (Äste und kleine Zweige).

❸ Erhöhen Sie den Haufen abwechselnd mit gemähtem Gras, trockenen Pflanzen, totem Herbstlaub, gehäckselten holzigen Zweigen, Küchenabfällen usw.

❹ Fügen Sie von Zeit zu Zeit eine Schaufel Erde, oder noch besser, alten, groben Kompost dazu, um Ihren Komposthaufen mit Bakterienkeimen und Pilzen, die für die Verwesung nützlich sind, zu „impfen".

Achten Sie in der Folge auf eine gute Durchlüftung, indem Sie den Kompost zwei- oder dreimal umwälzen.

In kleinen Gärten erledigt man die Kompostierung im Allgemeinen in einem Kompostsilo. Dieser ändert nichts an der Qualität des Komposts und erlaubt gleichzeitig eine diskretere Platzierung im Garten.

Roher Mist und kompostierter Mist

Verschiedene Mistsorten sind die erste Quelle organischer Materie zur Anreicherung von Acker- und Gartenböden. Es handelt sich meist um eine Verwertung des Stallmists verschiedener Zuchttiere und besteht aus einer pflanzlichen Grundlage – meistens Stroh – sowie Exkrementen und stellen so ein Recycling halb pflanzlicher, halb tierischer organischer Materie dar. Je nach Wohnort ist jedoch die Verfügbarkeit und somit der Einsatz im Garten begrenzt. Mistsorten sind verschiedenen Ursprungs – Geflügel, Kaninchen, Schaf, Rind, Pferd – mit unterschiedlichem Strohanteil, je nach Alter und Dicke der in den Aufzuchtställen auslegelegten Streu.

Wenn es auch Mühe machen kann, sich Viehmist zu besorgen – insbesondere in der Nähe von Stadtzentren und in Städten selbst –, sind landwirtschaftliche Betriebe und Reiterhöfe gute Anlaufstellen. Wie immer in der Permakultur sind lokale Lösungen vorzuziehen, aber auch im Gartenbaumarkt ist Viehmist in Säcken (auch als Granulat) erhältlich. Abgesehen vom Preis hat Viehmist nur Vorteile, da er einfach zu befördern, im Allgemeinen von guter Qualität ist und sich leicht verteilen lässt.

Frischer Viehmist wird traditionell im Herbst und im Winter ausgestreut. Wenn er zwischen einem halben und einem ganzen Jahr kompostiert wurde, kann er als Mulch ganzjährig verwendet werden. Vor allem Pferdemist, ein „warmer" Mist – aufgehäuft steigt seine Temperatur schnell auf bis zu 85 °C –, sollte vor der Verwendung, allein oder gemischt mit anderen pflanzlichen Produkten, kompostiert werden.

Je nach Art des Mists, dem Zeitpunkt der Auftragung, dem Fortschritt der Verrottung und der verfügbaren Menge werden zwischen 70 kg und 140 kg pro 10 m² verwendet.

Gründünger

Per Definition bezeichnet Gründüngung das gezielte Anbauen von Pflanzen zur Bodenverbesserung. Gründünger besteht

DÜNGER ODER MELIORATION?

Ob klassisch oder Bio – ein Dünger führt der Pflanze direkt die für ihr Wachstum nötigen Mineralien zu, namentlich Stickstoff, Phosphat und Kali. Meliorationen haben dagegen das Ziel, den natürlichen Entwicklungszyklus des Bodens einzubeziehen bevor sie einen Nutzen für die Pflanze haben. Ihre langfristigen Effekte verbessern ebenso die Bodentextur, die Geschmeidigkeit und die Luftdurchlässigkeit wie auch die eigentliche Mineralienversorgung der Pflanzen. Meliorationen haben somit einen Düngeeffekt, aber nicht ausschließlich. Man könnte also den „Gründünger" auch als „grüne Melioration" bezeichnen – umso mehr, da die Permakultur sich nie über Dünger als solchen Gedanken macht.

GRÜNDÜNGER AUSSÄEN

Die schnellwachsenden Gründüngungspflanzen werden normalerweise vor oder nach den Saisonkulturen ausgesät, seltener auch dazwischen.

❶ Begrenzen Sie die Oberfläche, auf der die Aussaat erfolgen soll: Beet, Beetzeile oder ganze Parzelle.

❷ Jäten Sie großzügig und befreien Sie den Bereich von allem, was im Weg ist: Ernteüberreste, tote Zweige usw.

❸ Rauen Sie den Boden leicht an, um ganz oberflächlich ein Saatbett anzulegen.

❹ Streuen Sie das Saatgut per Hand in der auf der Verpackung angegebenen Dosis aus (zwischen 100 g und 250 g pro Art, je nach Art des Saatguts und Zeitpunkt der Aussaat). Rauen Sie den Boden etwas auf, um die Samen zu vergraben.

❺ Drücken oder rollen Sie die Oberfläche fest.

Außer bei außergewöhnlichen meteorologischen Bedingungen wird das Saatland bis zum Ende der Anbauzeit sich selbst überlassen.

meist aus Pflanzen, die im Garten angebaut werden, ohne dass sie konsumiert werden. Ihr Anbau erlaubt es auf günstige Art und Weise dem Boden pflanzliche Substanz wiederzuzuführen, um seinen Humusgehalt zu vergrößern – direkt oder mittels einer Kompostierungsphase. Da er im Garten produziert wird und zum Garten zurückkehrt, ist Gründünger Teil des „Recyclings" und stockt die Mineralreserve des Bodens wieder auf. Mit allen dazugehörigen Vorteilen.

Angebaute Gründünger bedecken den Boden und schützen ihn, indem sie ihn vor schädlichen Umwelteinflüssen bewahren. Da sie schnell wachsen, durchlüften ihre Wurzeln die Erde, verbessern ihre Struktur und dadurch die Bedingungen für die eigentlichen Anbaukulturen wie Gemüse, Kräuter und Gewürzpflanzen. Dicht ausgesät, verhindern sie zudem, dass sich Unkraut ansiedelt. Eine Gründüngeraussaat verhindert überdies, dass ein Stück Land, auf dem während des übrigen Jahres nichts angebaut werden soll, sich selbst (und dem Unkraut) überlassen bleibt.

Verschiedene Pflanzen können als Gründünger gezogen werden. Im Familiengarten sind es vor allem Acker-Senf, Rübsen oder Raps, die im Februar/März oder September/Oktober ausgesät werden, da diese drei Pflanzen auch bei niedrigen Temperaturen gleichmäßig keimen. Die schöne Phacelia blüht ganzjährig und geht auch in trockenen Sommern leicht, kraftvoll und selbständig an. Sie wird von Mai bis August ausgesät und zwischen Juli und Oktober geschnitten.

In der Folge werden Gründünger mit Sichel oder Sense geschnitten, vorzugsweise zu Beginn der Blütezeit, auf jeden Fall vor der Samenbildung. Wenn das Land schnell wieder bebaut werden soll, wird der Abschnitt freigeräumt und der Gründüngerschnitt als Mulch auf einem schon bebauten Abschnitt platziert oder dem Kompost zugeführt. Andernfalls – was besser ist – wird er einfach liegengelassen.

Bei Frühlingsgründünger kann in den Wochen nach der Mahd eine Kartoffel- oder Kürbisgewächskultur ausgesät oder verpflanzt werden. Egal ob getrocknet, als Mulch oder Kompost, die organischen Materien werden niemals vergraben, sondern immer als Bodenbedeckung verwendet. Da die Zwänge des Anbaus nie größer als die Vorteile sein dürfen, sollten Sie die Eingriffe, soweit es geht, von der Aussaat bis zur Wiederverwertung der Pflanzenmasse begrenzen.

Wasser und seine Wiederverwendung

Ob natürlich wachsend oder angebaut – Pflanzen brauchen Wasser zum Keimen, Wachsen, Blühen, Früchtetragen und Reifen. Da Wasser der vorrangige Bestandteil des über- und unterirdischen Pflanzengewebes ist, ist es unverzichtbar für das Funktionieren ihres lebenswichtigen Stoffwechsels, von der Fotosynthese über die Atmung bis zur natürlichen Aufnahme von Mineralstoffen.

Der Bedarf der Pflanzen ist dabei sehr unterschiedlich und hängt u. a. von der generellen klimatischen Situation, saisonalen Wetterbedingungen, der Qualität des Bodens, der angebauten Sorte und dem Wachstumsfortschritt ab.

Wenn einer Pflanze Wasser fehlt …

Gerät eine Pflanze in Hydrostress, verkümmert sie und ihr Wachstum ist gestört. Bei dauerhafter Trockenheit verdorrt die Pflanze und bei zahlreichen Blatt- und Wurzelgemüsen vollzieht sich eine vorzeitige Samenbildung. Bei der Paprika vertrocknen die jungen Triebe. Bei Kopfsalat und Kohl verringert sich die Ernte ebenso wie bei Obst und Fruchtgemüse – die zudem weniger geschmacksintensiv sind, weil ihnen der Zucker fehlt. Die Anfälligkeit für Mehltau steigt bei bestimmten Kürbisgewächsen und Blattlaus- und Weiße-Fliege-Befall sind häufiger und intensiver.

… oder zu viel davon bekommt

Aber Vorsicht, übertreiben Sie es nicht: Zu viel Wasser führt zum Auswaschen bestimmter Mineralstoffe, darunter Stickstoff, was eine agronomische Verschlechterung des Bodens mit sich zieht, verbunden mit dem Auftreten von Verschlämmungskrusten und erhöhtem Wasserstand auf gesättigten Böden. Ein aufgeweichter Boden verzögert den Vegetationsbeginn der Pflanzen am Anfang der Saison. Im Extremfall gehen sie aufgrund von Wurzelerstickung ein (wie die oberirdischen Pflanzenteile „atmen" auch die Wurzeln). Ein leichter, aber andauernder Wasserüberschuss führt zu einem verstärkten Blätterwachstum auf Kosten der Blüten oder Früchte und verringert die Wurzeltiefe, sodass die Pflanzen anfälliger für spätere Mangelphasen werden. Zu sehr gewässert, verlieren Gewürzpflanzen und Gemüse an Geschmack. Bestimmte Pilzerkrankungen der Wurzeln wie Fusariose werden häufiger und Schnecken aller Art gedeihen übermäßig in feuchtem Milieu.

Die Wasserreserven des Bodens

Aufgrund von Regen und anderem Niederschlag ist Wasser auf natürliche Weise im Boden vorhanden und im Idealfall decken diese Reserven den Bedarf der Pflanze ab. Jedoch kommt es vor, dass die Natur die Dinge schlecht regelt: In unseren Breiten enthält der Boden im Winter übermäßig viel Wasser, wenn die Pflanzen nur einen geringen Bedarf haben, und im Sommer zu wenig, wenn der Bedarf steigt. Man sollte sich also zunächst darum bemühen, die Wasserreserven des Bodens intakt zu halten und Verluste zu begrenzen und dann – und nur dann – durch Gießen die entleerten Reserven aufzufüllen.

Ziel Nummer 1: Wasserverlust begrenzen

Im Garten geht Wasser durch Verdunstung auf dem Boden und durch die Pflanzenatmung verloren. Es ist schwierig und im Übrigen nicht immer ratsam, bei der Atmung einzugreifen, da sie ein für die harmonische Entwicklung der Pflanze notwendiger Stoffwechselprozess ist (nichtsdestoweniger verliert im Schatten angebauter Kopfsalat im Sommer weniger Wasser durch Atmung, was möglichem Wassermangel vorbeugt). Es geht also vor allem darum, den Wasserverlust durch Verdunstung zu verringern. Hier macht es jedoch wenig Sinn, spezielle Techniken anzuwenden: Die minimale Bodenbearbeitung und die Verwendung verschiedener Mulcharten – die, wie wir gesehen haben, die Basis der Permakultur darstellen – sind von Natur aus hervorragende Mittel, um Wasser zu sparen.

Die Reserven optimieren

Gute Anbaugewohnheiten erlauben ein eingeschränktes Gießen, aber machen es nicht unverzichtbar – in jedem Fall nicht bei tropischer Hitze oder Dürre.

Auch hier geht es darum, einfach und ökonomisch zu denken und der Pflanze das zu geben, was sie braucht. Das Gießen per Hand ist zwar zeitraubend und erfordert ständige Kontrolle und Anwesenheit, erlaubt aber die Dosierung in Abhängigkeit vom Bedarf jeder Pflanze.

Auf eine Bewässerung mit rotierenden oder oszillierenden Sprinklern sollte völlig verzichtet werden, da sie Wasser verschwenden und wenig präzise sind. Jedoch sind bestimmte, weniger bekannte, aber praktische und wassersparende Bewässerungsmethoden nicht grundsätzlich inkompatibel mit einem Permakulturgarten: So kann die Verwendung von Perlschläuchen in schwer zugänglichen Bereichen nützlich sein. Ebenso optimiert ein Wasserreservoir – ein eingegrabener Tonkrug oder eine Flasche mit Löchern, die das Wasser in unmittelbarer Wurzelnähe verteilt – die Wasserversorgung von Pflanzen mit erhöhtem Bedarf (Paprika, Aubergine und Zucchini).

Bewässerung von Salat und Radieschen mithilfe eines Perlschlauches in einem Gemüsetunnel

Das Wasser auffangen

Auch wenn in einem Permakulturgarten weniger Wasser durch Gießen zugeführt wird als in einem klassischen Garten, ist das Auffangen des kostbaren flüssigen Elements eine kontinuierliche Beschäftigung – umso mehr, da steigende Wasserpreise einen intelligenten Umgang mit dem Wasserbedarf erfordern.

Regenwasser gibt es überall, allerdings mit großen regionalen Unterschieden, sowohl was die Menge als auch den Zeitpunkt betrifft. Ein am Ende einer Regenrinne installiertes Auffangsystem kann im Jahr, je nach regionaler Niederschlagsmenge, zwischen 500 und 1000 l/m² Regenwasser auffangen. Dieses sehr gut durchlüftete Wasser ist, wenn es z. B. in Fässern gelagert wird, ein exzellentes und völlig kalkfreies Gießwasser. Sie sollten kleinere Behälter (bis 500 l) bevorzugen, die Sie gegebenenfalls hintereinanderschließen.

Die meisten Auffangsysteme werden einfach am Fallrohr der Regenrinne angebracht, ohne dass dies abmontiert werden muss. Da sie mit einem Filter und normalerweise mit einem Überlauf ausgerüstet sind, brauchen Sie sich nicht mehr darum zu kümmern, wenn das System einmal angebracht ist.

Regenwasser sickert im Garten kontinuierlich ins Grundwasser. Liegt der Grundwasserspiegel nicht zu tief, dann kann sich der Bau eines Brunnens lohnen.

Achten Sie aber vor dem Bau unbedingt auf die Vorschriften, denn jedes Bundesland hat eigene Gesetze und teilweise reicht eine einfache Meldung. Üblicherweise gibt die Gemeindeverwaltung darüber Auskunft. Vorzugsweise sollten Sie das Pumpwasser, gekühlt und wenig durchlüftet, vor dem Verbrauch für zwei oder drei Tage in einem Fass lagern.

Aber auch andere Gegebenheiten vor Ort können genutzt werden, vor allem Teichwasser bietet reichliche Reserven für Gießwasser.

■ Wasser sparen

Das Wasser zum Gießen sollte also aufgefangen und sparsam eingesetzt werden. Im Folgenden werden einige grundlegende Tipps gegeben, damit das verfügbare Wasser bewusst genutzt und Verluste verringert werden können.

Im Frühling und im Herbst sollten Sie am besten morgens gießen, damit der Boden für die kommende Nacht trocknen kann (im Zusammenspiel mit kühlen Temperaturen ist nächtliche Feuchtigkeit für die meisten Pflanzen schädlich).

Im Sommer sollte abends gegossen werden. Die Verdunstung wird so minimiert und die Pflanzen können ihr Gewebe während der Nacht mit Wasser füllen, damit sie am Folgetag der starken Hitze widerstehen können. Aber Achtung bei jungen Pflanzen, die anfällig für Schnecken sind: Hier empfiehlt es sich trotz allem morgens zu gießen, da das Gießen am Abend den Boden feucht hält und die Fortbewegung der Weichtiere erleichtert. Normalerweise werden junge Sämlinge und gerade pikierte Pflanzen regelmäßig, aber mäßig gegossen, während fest verwurzelte Pflanzen in größeren Abständen gegossen werden, dafür aber mehr Wasser erhalten. In allen Fällen sollten weniger die Blätter der Pflanzen, als vielmehr der Boden und seine Reserven, in denen die Wurzeln die nötigen Wassermengen finden, gewässert werden.

WELCHE PFLANZEN KANN MAN IM PERMAKULTUR-GARTEN ANBAUEN?

Ob wiederkehrend oder einjährig, Gemüse, Obst oder Zierpflanze – keine Pflanze ist von vornherein ausgeschlossen, da die große Flexibilität von Permakulturgärten die Aufnahme fast jeder Pflanzenart erlaubt.

Die üblicherweise in Gärten kultivierten Pflanzen stellen im Übrigen „mittlere" Ansprüche an den Boden, was Qualität, Temperatur und Sonneneinstrahlung betrifft – ein Botaniker würde von mesophilen Pflanzen sprechen (griech. mesos „in der Mitte, mittlerer").

Auch wenn Zierpflanzen im Permakulturgarten willkommen sind, stehen Nutzpflanzen doch im Vordergrund und man konzentriert sich auf den Anbau von Gemüse, Kräutern, Gewürzpflanzen und Obst.

GEMÜSE

Von den 150 Gemüsesorten, die in unseren Breiten gedeihen, sind etwa 30 weit verbreitet und leicht in einem Permakulturgarten anzubauen. Zwischen Mai und September erfolgt die Haupternte. Aber Sie können den Genuss Ihres Gemüses und Obstes durch verschiedene Konservierungsmethoden ausdehnen: Kellerlagerung, Einfrieren oder Einmachen. Im Folgenden finden Sie für die jeweiligen Pflanzen einen genauen Kalender; jedes Gemüse wird zu einer festgesetzten Zeit ausgesät und gegebenenfalls umgepflanzt.

Gartenmelde und Mangold

Dies sind alte Gemüsesorten, die auch im Permakulturgarten leicht zu kultivieren sind.

Die Melde ist vor allem ein Frühlingsgemüse. Sie wird im Herbst direkt an Ort und Stelle ausgesät und ihre Sprösslinge gehören zu den ersten, die zu Beginn des neuen Jahres geerntet werden können.

Mangold wird direkt an Ort und Stelle am Ende des Frühlings oder zu Beginn des Sommers ausgesät oder in einer Multitopfplatte kultiviert und pikiert. Die Ernte erfolgt im Sommer, im Herbst und sogar zu einem guten Teil während des Winters.

Aussaat · Verpflanzen · Ernte

	J	F	M	A	M	J	J	A	S	O	N	D
Gartenmelde			Ernte	Ernte					Aussaat	Aussaat		
Mangold				Aussaat	Verpflanzen	Ernte	Ernte	Ernte	Ernte	Ernte	Ernte	Ernte

Laden Sie ein, wen oder was Sie wollen

Ein Permakulturgarten ist als ein offener Garten definiert, der alles aufnimmt: Bäume, Sträucher – einzeln oder als Hecke –, Zierpflanzen, Gemüse, Kräuter, Gewürzpflanzen, Obst und sogar Heilpflanzen. Sie sollten den traditionellen Sorten und Varietäten Vorrang geben, die in den Obst- und Gemüsegärten Ihrer Region reichlich vorhanden sind – aber ohne danach auf Innovation und Diversifizierung zu verzichten.

Artischocke und Kardone

Artischocken und Kardonen (Gemüseartischocken) gehören zur gleichen Pflanzensorte; die erste Sorte wählt man wegen der Größe des Blütenkörbchens, die zweite wegen der Größe und Dicke des Blattstiels. Die jeweilige Verwendung in der Küche und der Anbau sind ebenfalls unterschiedlich – die Artischocke gedeiht über drei bis vier Jahre, die Kardone ist einjährig. Aber die botanischen Schwestern mögen beide Permakulturgärten mit wenig bearbeiteten Böden, die mit einer pflanzlichen Abdeckung versehen sind.

Artischocken und Kardonen werden ab März in Zellen von Multitopfplatten ausgesät und später in kleine Behälter umgetopft. Sie sind ausreichend widerstandsfähig gegen die letzte Kühle des Frühlings, um ab April in den Gemüsegarten gepflanzt zu werden. Eine Artischockenkultur kann auch im Mai vermehrt werden, indem man junge Ableger entnimmt, die schon Wurzeln gebildet haben. Eine zu späte Auspflanzung von Artischocken verhindert die Bildung von Blütenkörben im ersten Jahr.

Aussaat | Verpflanzen | Ernte

	J	F	M	A	M	J	J	A	S	O	N	D
Artischocke			Aussaat	Aussaat	Verpflanzen		Ernte	Ernte				
Kardonen			Aussaat	Aussaat	Verpflanzen	Verpflanzen				Ernte	Ernte	

Aubergine, Peperoni, Paprika und Tomate

Aubergine, Peperoni, Paprika und Tomate sind bei allen Gemüseliebhabern hoch angesehen und wachsen ausgiebig in Permakulturgärten, an denen sie den humusreichen Boden und die lockere Struktur lieben, die durch die organische Abdeckstreu zustande kommt. Wegen ihres Wärmebedarfs wird die Aussaat dieser Nachtschattengewächse generell in den März vorgezogen. Anschließend werden sie in Töpfe verpflanzt und weiterhin in der Wärme der Wohnung versorgt. Das endgültige Verpflanzen in den Garten erfolgt, nachdem keine Frostgefahr mehr besteht, zwischen dem 1. und dem 31. Mai.

Aussaat | Verpflanzen | Ernte

	J	F	M	A	M	J	J	A	S	O	N	D
Aubergine			Aussaat		Verpflanzen		Ernte	Ernte	Ernte			
Peperoni			Aussaat		Verpflanzen		Ernte	Ernte	Ernte			
Paprika			Aussaat		Verpflanzen		Ernte	Ernte	Ernte			
Tomate			Aussaat		Verpflanzen		Ernte	Ernte	Ernte			

Rote Bete, Karotte und Pastinak

Rote Bete wird im Mai ausgesät, in Reihen oder per Wurfaussaat. Eine zweite Aussaat im Juni erzielt Wurzeln, die die Kälte besser überdauern. Die Ernte findet im Herbst statt. Das geerntete Gemüse sollte im Keller oder in einem Silo vor starker Kälte geschützt werden.

Die verschiedenen Karottenvarietäten, werden (auch als Frühgemüse) ab März ausgesät; sollen sie im Winter verzehrt werden, können sie bis Juni ausgesät werden. Karotten sind kälteempfindlicher als Pastinaken und benötigen einen Schutz aus Mulch oder Wintervlies.

Der Pastinak ist ein widerstandsfähiges Wurzelgemüse, welches den ganzen Winter über geerntet werden kann.

■ Aussaat ■ Ernte

	J	F	M	A	M	J	J	A	S	O	N	D
Rote Bete					Aussaat	Aussaat		Ernte	Ernte	Ernte		
Karotte	Ernte	Ernte	Aussaat	Aussaat	Aussaat	Aussaat	Ernte	Ernte	Ernte	Ernte	Ernte	Ernte
Pastinak	Ernte	Ernte	Aussaat							Ernte	Ernte	Ernte

Staudensellerie, Knollensellerie und Liebstöckel

Alle drei haben einen starken, scharf-pfeffrigen Geschmack.

Staudensellerie und Knollensellerie können lange kultiviert werden und wachsen langsam. Im Frühling werden sie an einem geschützten Ort ausgesät und müssen ein- oder zweimal pikiert werden, bevor sie endgültig ausgepflanzt werden. Staudensellerie wird vom Sommer bis zum ersten Frost in Blättern oder Rippen geerntet. Die dicken, fleischigen Wurzeln der Knollensellerie – eigentlich eine Verdickung des Stielendes – werden im Herbst herausgenommen und im Winter im Keller gelagert.

Liebstöckel, manchmal auch Maggikraut genannt, ist eine langlebige und kräftige Würzpflanze, die im März angebaut wird und sich mehrere Jahre lang hält. Die Blätter werden beim Kochen verwendet.

■ Aussaat ■ Verpflanzen ■ Ernte

	J	F	M	A	M	J	J	A	S	O	N	D
Staudensellerie			Aussaat	Aussaat	Verpflanzen	Verpflanzen		Ernte	Ernte	Ernte		
Knollensellerie			Aussaat	Aussaat	Verpflanzen	Verpflanzen				Ernte		
Liebstöckel			Verpflanzen	Ernte	Ernte	Ernte	Ernte	Ernte	Ernte	Ernte		

Wilder Spinat (Guter Heinrich), Spinat und Neuseeländer Spinat

Der Anbau dieser drei Blattgemüse ergänzt sich perfekt.

Der Wilde Spinat, ein widerstandsfähiges Gemüse, das normalerweise im Sommer ausgesät wird, hält sich im Garten über mehrere Jahre ohne besondere Pflege. Die zarten und schmackhaften ersten Blätter des Jahres werden geerntet und als Frühlingssalat angemacht, während die älteren Blätter wie normaler Spinat verzehrt werden.

Spinat ist eine zweijährige Pflanze und vor allem ein Herbst- und Wintergemüse. Es kann auch im März im Garten angepflanzt werden, wenn man darauf achtet, Frühlingsvarietäten zu verwenden, im Allgemeinen F1-Hybride wie „Lagos" oder „Parys".

Der Neuseeländer Spinat ist dagegen nur eine einjährige Pflanze. Seine Samen, die lange zum Heranwachsen brauchen, werden im April in kleinen Mulden ausgesetzt. Die Ernte erfolgt im Sommer.

Aussaat Ernte

	J	F	M	A	M	J	J	A	S	O	N	D
Wilder Spinat			Ernte	Ernte	Ernte	Aussaat	Aussaat		Ernte	Ernte		
Spinat	Ernte	Ernte	Aussaat	Ernte	Ernte				Aussaat	Ernte	Ernte	Ernte
Neuseeländer Spinat				Aussaat	Aussaat		Ernte	Ernte	Ernte			

Endivien und Chicorée

Endivien sind recht anspruchslos und vertragen große Hitze und Kälte besser als beispielsweise Kopfsalat. Man macht daraus herrliche leicht bittere Salate.

Gekrauste und glatte Endivien werden Ende April/Anfang Mai pikiert, da zu kühle Perioden zu Beginn des Anbaus zu einer vorzeitigen Samenbildung führen können. Sie werden daher für gewöhnlich als Sommer- und Herbstgemüse angebaut, aber oft bis in den tiefen Winter hinein geerntet.

Auf die gekrausten und glatten Sommerendivien folgen im August Herbstvarianten wie die französischen Sorten „De Ruffec" oder „Wallonne" (gekraust) und „Boucle d'or" oder „Géante maraîchère" (glatt). Die beliebte Endiviensorte „Pain de sucre" wird zur gleichen Zeit ausgesät und pikiert. Die Aussaat italienischer Endivien wie „Rosso di Verona", „Variegata di Castelfranco" oder „Rosso di Treviso" finden bis in den Herbst statt.

Chicoréewurzeln benötigen eine winterliche Frühkultur im Keller, damit man weißen, länglichen Chicorée ernten kann.

Aussaat   Ernte

	J	F	M	A	M	J	J	A	S	O	N	D
Gekrauste und glatte Endivien				Aussaat	Aussaat	Aussaat	Ernte	Ernte	Ernte	Ernte	Ernte	Ernte
Wilde und italienische Endivien	Ernte	Ernte	Ernte	Ernte			Aussaat	Aussaat	Ernte	Ernte	Ernte	Ernte
Chicorée (Ernte nach Frühkultur)	Ernte	Ernte				Aussaat				Ernte	Ernte	Ernte

Gekommen, um zu bleiben

Unter den Erntegemüsesorten des Gartens sind bei Permakulturfreunden diejenigen besonders beliebt, die sich spontan aussäen lassen. Borretsch, Melde, Engelwurz, Ringelblume, Fenchel und Dill, Winter- und Sommerportulak sowie Baumspinat sind einjährige Pflanzen, die innerhalb weniger Monate keimen, blühen und Samen bilden, manchmal innerhalb weniger Wochen. Damit sie auf Dauer im Permakulturgarten heimisch werden, sollten einige Stiele zur Samenreife gebracht werden.

Kohl

Trotz ihrer äußerlichen Unterschiede besitzen die verschiedenen Kohlsorten recht ähnliche Ansprüche beim Anbau. In der Permakultur werden diejenigen mit kurzen Anbauzeiten wie Kohlrabi und Chinakohl an Ort und Stelle ausgesät, Kohlrabi im April, Chinakohl im August. Die Kohlrabisämlinge erneuern sich mehrfach bis August/September. Die anderen Sorten – Brokkoli, Blumenkohl, Weißkohl, Wirsing, Rotkohl und Rosenkohl – werden aufgrund ihrer längeren Kulturdauer normalerweise zwischen Mai und Juni ausgesät und pikiert. Der Ewige Kohl ist ein untypisches Gemüse und vermehrt sich durch Stecklinge, unter Umständen an Ort und Stelle. Die Kohlrabi-Ernte erstreckt sich von April bis November. Weiß- und Rotkohl sind eher Herbstkohle, während Wirsing und Rosenkohl je nach Sorte zwischen April und September geerntet werden. Die verschiedenen asiatischen Kohlsorten erntet man im Herbst, während die Triebe des Ewigen Kohls im Frühjahr gepflückt werden.

Aussaat | Verpflanzen | Ernte

	J	F	M	A	M	J	J	A	S	O	N	D
Brokkoli und Blumenkohl			Aussaat	Verpflanzen	Verpflanzen	Verpflanzen	Ernte	Ernte	Ernte	Ernte		
Rosenkohl	Ernte	Ernte	Ernte	Aussaat	Verpflanzen	Verpflanzen			Ernte	Ernte	Ernte	Ernte
Weiß- und Rotkohl			Aussaat	Verpflanzen	Verpflanzen				Ernte	Ernte	Ernte	
Kohlrabi (in 2 oder 3 Kulturen)				Aussaat	Aussaat	Aussaat	Ernte	Ernte	Ernte	Ernte		
Ewiger Kohl			Ernte	Ernte	Ernte	Verpflanzen						
Chinakohl								Aussaat	Ernte	Ernte	Ernte	

Gewöhnliches Tellerkraut (Winterportulak), Feldsalat und Sommerportulak

Gewöhnliches Tellerkraut, Feldsalat und Sommerportulak allein liefern Salatgemüse für das ganze Jahr.

Im Winter ausgesät, bildet Gewöhnliches Tellerkraut ganz zu Anfang des Frühlings den Übergang zwischen Feldsalat und Sommerportulak.

Säen Sie zwei oder drei Sorten Feldsalat zwischen August und September aus, frühe wie „Vit" oder „À grosses graines" und späte wie „Jade" oder „Verte de Cambrai", um die Ernten kontinuierlich von Oktober bis April zu verteilen.

Mehrere Kulturen von Sommerportulak müssen zwischen Mai und August angelegt werden, sodass sich Aussaat und Ernte überschneiden.

Aussaat Ernte

	J	F	M	A	M	J	J	A	S	O	N	D
Gewöhnliches Tellerkraut			Ernte	Ernte	Ernte			Aussaat	Aussaat			
Feldsalat	Ernte	Ernte	Ernte	Ernte				Aussaat	Aussaat	Ernte	Ernte	Ernte
Sommerportulak (zwei oder drei Aussaaten)					Aussaat	Ernte	Ernte	Ernte	Ernte			

Gurke, Winterkürbis, Zucchini und Melone

Alle Gemüse aus der Familie der Kürbisgewächse brauchen hohe Temperaturen und frische, humusreiche Böden. Ihr Anbau im Permakulturgarten ist also leicht, zumal ihre großen und schnellkeimenden Samenkörner eine Aussaat an Ort und Stelle ohne Umpflanzen in Töpfe zulassen (allerdings ermöglicht ein Vorkeimen im Warmen eine frühere erste Ernte). Die Melone unterscheidet sich von ihren Artgenossen durch noch höheren Wärmebedarf.

Aussaat Verpflanzen Ernte

	J	F	M	A	M	J	J	A	S	O	N	D
Gurke				Aussaat	Verpflanzen	Aussaat	Ernte	Ernte	Ernte			
Winterkürbis (Riesenkürbis, Turbankürbis, Hokkaidokürbis)					Aussaat				Ernte	Ernte		
Zucchini				Aussaat	Verpflanzen	Ernte	Ernte	Ernte	Ernte			
Melone				Aussaat	Aussaat	Verpflanzen		Ernte	Ernte			

Dicke Bohne, Gartenbohne und Erbse

Die Mitglieder dieses unverzichtbaren Trios werden stets an Ort und Stelle ausgesät, in Reihen oder in kleinen Mulden. Die größere oder geringere Kältetoleranz entscheidet darüber, wann die Kultur angelegt wird.

Dicke Bohnen werden beim ersten Tauwetter im Februar oder März ausgesät, wohingegen Gartenbohnen – rankend oder nicht –, die sehr wärmebedürftig sind, sich bis zum Mai oder sogar Juni gedulden müssen. Die Aussaat der Zwergvarianten kann bis Juli wiederholt werden. Denken Sie daran, Stangenbohnen Pfosten zur Verfügung zu stellen.

Erbsen haben mittlere Temperaturansprüche und die frühesten Varianten werden im März ausgesät (grüne Erbsen mit runden Samen wie „Plein le panier", „Petit Provençal" oder „Rheinperle"). Da sie kälteempfindlicher sind, werden grüne faltige Erbsen und Zuckerschoten im April ausgesät. Eine letzte Aussaat für die Herbsternte kann im August ausprobiert werden.

Je nach Geschmack, Varietät und Wachstumsfortschritt werden Dicke Bohnen, Erbsen und Gartenbohnen mitsamt den Hülsen oder nur als Samen verzehrt.

■ Aussaat ■ Ernte

	J	F	M	A	M	J	J	A	S	O	N	D
Dicke Bohnen		Aussaat	Aussaat			Ernte						
Zwergbohnen (Filet- und Zwiebohnen)					Aussaat	Aussaat	Aussaat	Ernte	Ernte			
Zwergbohnen (Kernbohnen)					Aussaat	Aussaat			Ernte	Ernte		
Stangenbohnen (Filet- und Zwiebohnen)					Aussaat	Aussaat	Ernte	Ernte	Ernte			
Stangenbohnen (Kernbohnen)					Aussaat	Aussaat			Ernte	Ernte		
Grüne Erbsen und Zuckerschoten			Aussaat	Aussaat		Ernte	Ernte					

Schnittsalat (Kopfsalat) und Misticanza-Salat

Schnitt- und Misticanza-Salat werden an Ort und Stelle ausgesät und wachsen von April bis August. Die jungen Blätter werden etwa ab 10 cm Länge geerntet. Misticanza-Salate sind Samenmischungen aus verschiedenen Blattgemüsen, die als Salat gegessen werden, gelegentlich ergänzt durch einjährige Kräuter und Gewürzpflanzen. Ihr Anbau erfolgt genauso wie beim Schnittsalat.

Schnittsalat-Kulturen halten sich bis in den August, ebenso wie Misticanza-Kulturen, die sogar den September erreichen, wenn man darauf achtet, dass es sich zwischen Juni und August um eine Mischung aus Sommersamen und im September um eine Herbstmischung handelt.

Aussaat Ernte

	J	F	M	A	M	J	J	A	S	O	N	D
Schnittsalat				Aussaat	Ernte	Aussaat	Ernte	Aussaat	Ernte			
Misticanza-Salat				Aussaat	Ernte	Aussaat	Ernte	Aussaat	Ernte			

Kopfsalat

Kopfsalat gehört zu den Gemüsesorten, die am schnellsten gedeihen. Er wird normalerweise in Multitopfplatten ausgesät und einen Monat später mit kleinen Erdballen umgepflanzt. Er mag zwar weder extreme Trockenheit noch starke Kälte, kann jedoch trotzdem das ganze Jahr über angebaut werden, wenn man für jede Jahreszeit die richtige Sorte auswählt.

Der erste Frühlingskopfsalat wird mit kleinen Erdballen ab März ausgepflanzt. Saisonangepasste Kopfsalatsorten wie „Appia", „Augusta" oder „Merveille des quatre saisons" können in der Folgezeit zwischen Juni und September umgepflanzt werden.

Winterkopfsalate wie „Merveille d'hiver" oder „Val d'orge" werden im September ausgesät, im Oktober umgepflanzt und im März geerntet. Sie benötigen einen Winterschutz (Vlies oder Stroh).

Aussaat · Verpflanzen · Ernte

	J	F	M	A	M	J	J	A	S	O	N	D
Frühlingskopfsalat			Aussaat	Verpflanzen	Ernte	Ernte						
Sommerkopfsalat				Aussaat	Aussaat	Verpflanzen	Ernte	Ernte	Ernte			
Herbstkopfsalat							Aussaat	Aussaat	Verpflanzen	Ernte	Ernte	Ernte
Winterkopfsalat			Ernte	Ernte					Aussaat	Verpflanzen		

Herbstrübe und Steckrübe

Herbstrüben werden direkt ins Freiland ausgesät und nie umgepflanzt. Dieses Gemüse wird vor allem in der zweiten Sommerhälfte gezüchtet, nur im Falle der Mairübe „Navet de Milan" bereits im Frühling. Sie mögen weder große Hitze noch starke Kälte. Ab August nimmt Herbstrüben- und Steckrübenaussaat die Stelle der frühen und mittelfrühen Kartoffeln ein.

Steckrübenwurzeln vertragen Hitze und Frost besser. Ihr zuckriger Geschmack ist allerdings am besten im Herbst bzw. zu Beginn des Winters, bevor die Rüben hart werden.

Aussaat · Ernte

	J	F	M	A	M	J	J	A	S	O	N	D
Herbstrübe			Aussaat		Ernte			Aussaat		Ernte	Ernte	
Steckrübe					Aussaat	Aussaat	Aussaat		Ernte	Ernte	Ernte	Ernte

Lauch

Lauch wird im Frühling in Schalen vorgezogen und im Frühsommer umgepflanzt. Heutzutage ist es das einzige Gemüse, das im Garten mit der nackten Wurzel umgepflanzt wird. Pflanzen Sie es im Mai, Juni oder (bei den widerstandsfähigsten Sorten wie „De Mézières", „D'hiver de Saint Victor" oder „Bleu de Solaise") im Juli. Die frühreifenden Sorten werden ab September geerntet, die Wintervarietäten bis in den Mai des Folgejahres. Als jahrtausendealtes Gemüse wird Lauch vielfach im Garten angebaut. In den letzten Jahren hat seine Anfälligkeit für verschiedene Schädlinge wie Motte und Gemüsefliege manche Gärtner abgeschreckt, die stattdessen dem Ewigen Lauch eine Chance gegeben haben, einer ebenfalls alten Kulturpflanze, die jedoch mehrjährig und deutlich weniger schädlingsanfällig ist.

Aussaat Verpflanzen Ernte

	J	F	M	A	M	J	J	A	S	O	N	D
Lauch	Ernte	Ernte	Aussaat	Aussaat	Verpflanzen	Verpflanzen			Ernte	Ernte	Ernte	Ernte
Ewiger Lauch	Ernte	Ernte	Ernte	Ernte		Verpflanzen	Verpflanzen			Ernte	Ernte	Ernte

Mehrjähriges Gemüse

Mehrjährige Gemüse, Kräuter oder Gewürzpflanzen sind in Permakulturgärten sehr beliebt, denn sie wachsen zwischen zwei und fünf Jahre lang an derselben Stelle – Spargel sogar noch länger. Man kann sie immer wieder ernten, ohne dass eine Neuaussaat oder ein Verpflanzen notwendig wäre. Spargel, Ewiger Lauch, Wilder Spinat (Guter Heinrich), Lauchzwiebel, Topinambur, Rhabarber und die verschiedenen Sauerampfersorten kommen ohne besondere Vorsichtsmaßnahmen im Folgejahr wieder. Artischocken benötigen, da sie kälteempfindlich sind, einen Winterschutz, der kontinentalen Klimabedingungen widersteht. Im Übrigen sind auch mehrere Kräuter und Gewürzpflanzen wie Schnittlauch, Liebstöckel, Bärlauch oder Schnittknoblauch sowie alle strauchartigen Gewürze (Rosmarin, Salbei, Bohnenkraut, verschiedener Thymian u. a.) perennierend. Diese mehrjährigen Pflanzen dürfen aber nicht allein die Bandbreite der im Permakulturgarten angebauten Pflanzen darstellen. Es ist auch nicht immer sinnvoll, aus Gründen der Zeitersparnis mehrjährige (Gewürz-)Pflanzen anzubauen: Sie brauchen sie zwar nicht jedes Jahr neu auszusäen und umzupflanzen, aber ihre Pflege, insbesondere die Unkrautbekämpfung, ist umso mühseliger.

Kartoffel und Topinambur

Da Kartoffeln in abgedeckten Böden, die nicht oder wenig behandelt wurden, sehr ertragreich sind, fühlen sie sich im Permakulturgarten sehr wohl. Indem Sie frühreifende und spätreifende Sorten nacheinander pflanzen, können Sie das ganze Jahr über darauf zurückgreifen, wobei die Einlagerungssorten eine frostfreie Kellerlagerung benötigen. Frühreifende und Saisonkartoffeln, die im Sommer geerntet werden sollen, werden im April gepflanzt, während Kartoffeln, die eingelagert werden sollen, bis Anfang Juni gepflanzt werden können.

Topinamburen haben mehrjährige, widerstandsfähige Knollen; sie werden im März in 10 cm Tiefe gesetzt und zwischen Oktober und März herausgeholt. Da sie in der Saison ausufernd wachsen und dazu neigen sich unkontrolliert auszubreiten, ist es ratsam, sie am Rande des Gartens zu platzieren.

■ Verpflanzen ■ Ernte

	J	F	M	A	M	J	J	A	S	O	N	D
Kartoffel				Verpflanzen	Verpflanzen	Verpflanzen	Ernte	Ernte	Ernte	Ernte		
Topinambur	Ernte	Ernte	Verpflanzen							Ernte	Ernte	Ernte

Radieschen

Besonders die Frühlingsradieschen sind sehr beliebt. Sommertrockenheit setzt diesem Gemüse, das Feuchtigkeit und Kühle liebt, zwar zu, aber wenn Sie systematisch Mulch zur Abdeckung verwenden, können Sie Sommervarietäten leicht im Permakulturgarten anbauen. Ebenso lassen sich Herbstsorten, die nach der Ernte bei frostfreier Lagerung den ganzen Winter über verzehrt werden können, unter einer Strohmulchbedeckung leicht im August aussäen.

Die Aussaat von Sommerradieschen wie „De 5 semaines rose", „Glaçon (Eiszapfen)" oder das aromatische „Green Meat" erfolgt bis in den Juli hinein. Sie werden abgelöst von Winterradieschen wie „Rose d'hiver de Chine" oder „Noir long poids d'horloge", die im November ausgegraben und im Keller vor zu starker Kälte geschützt werden müssen.

■ Aussaat ■ Ernte

	J	F	M	A	M	J	J	A	S	O	N	D
Frühlingsradieschen			Aussaat	Aussaat	Ernte	Ernte						
Sommerradieschen					Aussaat	Aussaat	Ernte	Ernte				
Herbstradieschen							Aussaat	Aussaat	Ernte	Ernte	Ernte	

Rauke (Rucola) und Kresse

Da sie anspruchslos sind und leicht unter einer Mulchschicht kultiviert werden können, sind Rauke und Kresse in Permakulturgärten sehr häufig anzutreffen. Da ihnen die kühlen Temperaturen zu Frühlingsanfang und im Spätherbst nichts ausmachen, liefern sie eine reiche Ernte, wenn wenig anderes Gemüse verfügbar ist. Aussaat und Ernte können nichtsdestoweniger im Sommer fortgesetzt werden, vorzugsweise im Schatten. Im Herbst ergänzt die Aussaat von Rauke und Gartenkresse die Pflanzen aus dem Frühjahr.

Wegen ihres starken und würzigen Geschmacks sind sie zwischen Gemüse und Gewürzpflanzen einzuordnen.

Aussaat Ernte

	J	F	M	A	M	J	J	A	S	O	N	D
Rauke			Aussaat	Ernte	Aussaat	Ernte	Aussaat	Ernte	Aussaat	Ernte	Ernte	Ernte
Gartenkresse			Aussaat	Ernte	Aussaat	Ernte	Aussaat	Ernte	Aussaat	Ernte		
Winterkresse	Ernte	Ernte					Aussaat	Aussaat	Ernte	Ernte	Ernte	Ernte

Alte Gemüsesorten und Permakultur

Alte Gemüsesorten umfassen verschiedene Arten, die sich meist leicht an einen Permakulturgarten anpassen. Beispielsweise ist der Anbau der Cochet-Kartoffel oder der Knolligen Kapuzinerkresse normalerweise unproblematisch. Zahlreiche ausgefallene Nachtschattengewächse wie Tomatillo, Klebriger Nachtschatten und Kapstachelbeere (Physalis) lassen sich genauso leicht wie Tomaten züchten. Schlangenlauch und Catawissa-Zwiebel beispielsweise fühlen sich unter einer Bodenbedeckung wohler als klassische Knoblauch- und Zwiebelsorten. Der Ewige Kohl, der von seinem Äußeren her an den alten Futterkohl erinnert, ist ein mehrjähriger Kohl, der ebenso einen natürlichen Platz im Permakulturgarten findet.

KRÄUTER/GEWÜRZPFLANZEN

Kräuter, Aroma- und Gewürzpflanzen sind nützliche, wenn nicht unverzichtbare Begleiter der Gemüsesorten in Küche und Garten – dort vor allem als Geruchsbarrieren zum Fernhalten bestimmter Schädlinge. Die im Gartenbaumarkt angebotene Bandbreite hat sich in den letzten Jahren erheblich vergrößert und von den knapp 100 kultivierten Gewürzpflanzen sind etwa 20 unverzichtbar und leicht im Permakulturgarten anzubauen.

Knoblauch, Schnittlauch, Schalotte und Zwiebel

Gemüse oder Gewürz? Der offizielle Status von Knoblauch, Schnittlauch und Zwiebel lässt sich nicht einfach definieren. Dessen ungeachtet sind diese Lauchgewächse im Permakulturgarten jedoch seit langem häufig vertreten.

Knoblauch und Schalotte werden als Brutzwiebeln gepflanzt, die man durch Auseinanderbrechen der Zwiebel erhält, während Zwiebeln als Brutknospen ausgesetzt werden, die durch Aussaat entstehen. Sie mögen keine Feuchtigkeit und ihr Anbau im Permakulturgarten erfordert gewisse Vorsichtsmaßnahmen: Bedecken Sie die Zwiebeln nach dem Auspflanzen nur ganz leicht. Im Fall eines Anbaus im Hügelbeet sollten Sie sie vorrangig an dessen höchstem Punkt pflanzen.

Schnittlauch kann entweder durch Aussaat oder durch Teilung des Schaftes angesiedelt werden.

Die widerstandsfähigen weißen Zwiebeln wie „Blanc de Vaugirard" oder „Printanier Parisien" werden im Sommer ausgesät, wie auch „Long rouge de Florence", deren längliche, süßliche Zwiebeln auch noch im kommenden Frühling geerntet werden. Einige seltene Sorten wie „Senshuy Yellow" werden als Zwiebel im September gepflanzt, ebenso wie die violette Knoblauchsorte „Germidour" und die Schalotte „Griselle".

Aussaat | Verpflanzen | Ernte

	J	F	M	A	M	J	J	A	S	O	N	D
Knoblauch (rosa, violett oder weiß)		Verpflanzen	Verpflanzen			Ernte	Ernte					
Schnittlauch			Aussaat	Verpflanzen	Ernte	Ernte	Ernte	Ernte	Ernte			
Schalotte		Verpflanzen	Verpflanzen	Verpflanzen		Ernte	Ernte			Verpflanzen		
Zwiebel			Verpflanzen	Verpflanzen			Ernte	Aussaat		Verpflanzen		

Dill, Kerbel, Koriander

Diese drei Gewürze werden vorzugsweise Ende April in kleinen Mulden an Ort und Stelle ausgesät.

Achten Sie auf zwei unterschiedliche Aussaaten für Koriander und Dill, die entweder im Sommer als Blätter oder im Herbst als Körner geerntet werden – Letztere werden dann in einem luftdichten Behältnis für die Verwendung im Winter aufbewahrt.

Kerbel ist ein Gewürz der kühleren Jahreszeiten: Da Hitze zu vorzeitiger Samenbildung führt, werden die feinen Kerbelblätter, deren Geschmack an Anis erinnert, im Frühling oder Herbst gezüchtet.

Aussaat Ernte

	J	F	M	A	M	J	J	A	S	O	N	D
Dill				Aussaat	Aussaat	Ernte	Ernte	Ernte				
Kerbel			Aussaat	Ernte	Ernte	Ernte			Aussaat	Ernte	Ernte	Ernte
Koriander				Aussaat	Aussaat	Ernte	Ernte	Ernte	Ernte			

Basilikum

Basilikum wird besonders viel in der mediterranen Küche verwendet und stellt heutzutage die am meisten angebaute Gewürzpflanze dar. Aufgrund dieser Beliebtheit sind zahlreiche unterschiedliche Sorten verfügbar. Wenn ihr Geschmack auch stets lieblich und ausgeprägt balsamisch ist, erinnern die verschiedenen Sorten je nachdem an Muskatnuss, Gewürznelke, Zitrone, Anis, Minze, Thymian, Jasmin oder Zimt. Ihre Aussaat erfolgt normalerweise zunächst geschützt im März und April. Da sie jedoch schnell aufgeht, kann auch eine direkte Aussaat ab Juni erfolgen.

Aussaat Verpflanzen Ernte

	J	F	M	A	M	J	J	A	S	O	N	D
Basilikum			Aussaat	Aussaat	Verpflanzen	Ernte	Ernte	Ernte	Ernte			

Estragon, Melisse und Minze

Estragon, Melisse und Minze sind widerstandsfähige Gewürzpflanzen, die im Winter verschwinden und im Frühling neu austreiben. Sie werden im April gepflanzt und halten sich mehrere Jahre lang, Melisse und Minze manchmal in besonderem Ausmaß. Estragon ist etwas empfindlicher und benötigt im Winter eine dicke Schicht Oberflächenstreu zum Schutz vor Frost. Wenn sie einmal im Garten angesiedelt wurden, können Estragon, Minze und Melisse leicht vermehrt werden, indem man junge Frühlingsableger abtrennt.

Verpflanzen · Ernte

	J	F	M	A	M	J	J	A	S	O	N	D
Estragon				Verpflanzen	Ernte	Ernte	Ernte	Ernte	Ernte			
Melisse				Verpflanzen	Ernte	Ernte	Ernte	Ernte	Ernte			
Minze				Verpflanzen	Ernte	Ernte	Ernte	Ernte	Ernte	Ernte		

Ysop, Lorbeer, Rosmarin, Bohnenkraut, Salbei und Thymian

Diese strauchartigen Gewürzpflanzen halten sich über mehrere Jahre hinweg. Sie werden vorzugsweise im Sommer ausgesät. Da sie immergrün sind, können Blätter von Salbei, Thymian, Rosmarin und Lorbeer fast das ganze Jahr über geerntet werden. Allerdings ist ihr Aroma kurz vor Auftreten der Blüte bzw. direkt zu Beginn der Blütezeit am stärksten.

Aussaat · Verpflanzen · Ernte

	J	F	M	A	M	J	J	A	S	O	N	D
Ysop				Verpflanzen	Aussaat	Aussaat	Ernte	Ernte	Ernte	Ernte	Ernte	
Lorbeer	Ernte	Ernte	Ernte	Verpflanzen	Aussaat	Ernte	Ernte	Ernte	Ernte	Ernte	Ernte	Ernte
Romarin	Ernte	Ernte	Ernte	Verpflanzen	Aussaat	Aussaat	Ernte	Ernte	Ernte	Ernte	Ernte	Ernte
Bohnenkraut				Verpflanzen	Aussaat	Aussaat	Ernte	Ernte	Ernte	Ernte		
Salbei	Ernte	Ernte	Ernte	Verpflanzen	Aussaat	Aussaat	Ernte	Ernte	Ernte	Ernte	Ernte	Ernte
Thymian	Ernte	Ernte	Ernte	Verpflanzen	Aussaat	Aussaat	Ernte	Ernte	Ernte	Ernte	Ernte	Ernte

Majoran und Oregano

Majoran und Oregano sind enge botanische Verwandte. Majoran ist einjährig (bei mildem Winter zweijährig) und wird dann durch eine neue Aussaat ersetzt. Oregano ist mehrjährig und wird durch Sommeraussaat oder Frühlingsableger vermehrt. Der pikante, pfeffrige Geschmack der beiden, der bei Oregano noch stärker ausgeprägt ist, wird in der italienischen Küche zum Würzen von Tomatensauce, Pizza, scharfer Sauce und Risotto genutzt.

Aussaat | Verpflanzen | Ernte

	J	F	M	A	M	J	J	A	S	O	N	D
Majoran			Aussaat	Aussaat	Verpflanzen	Ernte	Ernte	Ernte	Ernte	Ernte		
Oregano					Verpflanzen	Ernte	Ernte	Ernte	Ernte			

Krause und glatte Petersilie

Petersilien sind zweijährige Pflanzen, die im ersten Jahr keimen und Samen bilden und im zweiten Jahr verschwinden. Im Garten dient die Aussaat im Frühling und Sommer der Ernte in der Hauptsaison, während im Herbst ausgesäte Pflanzen bis in den Frühling des Folgejahres geerntet werden können. Wenn man im Abstand von drei Monaten dreimal aussät, kann man zwölf Monate lang Petersilie ernten. Sorgen Sie in strengen Wintern für einen einfachen Schutz unter einem abnehmbaren Frühbeetfenster oder einem Schutzvlies.

Aussaat | Ernte

	J	F	M	A	M	J	J	A	S	O	N	D
Krause Petersilie	Ernte	Ernte	Aussaat	Ernte	Ernte	Aussaat	Ernte	Ernte	Aussaat	Ernte	Ernte	Ernte
Glatte Petersilie	Ernte	Ernte	Aussaat	Ernte	Ernte	Aussaat	Ernte	Ernte	Aussaat	Ernte	Ernte	Ernte

Lieblingspflanzen

Die Möglichkeiten sind zwar mannigfaltig, doch in Permakulturgärten benötigen Sie robuste Pflanzen, deren Anbau unkompliziert ist. Darunter fallen die mehrjährigen Pflanzen, deren Ansiedlung nur einmal erfolgen muss. Aber auch einige einjährige, leicht zu pflegende Gemüse wie Kartoffeln können sehr erfolgreich in Permakulturgärten angebaut werden. Ebenso lässt sich in solchen Gärten der Großteil der Fruchtgemüse leicht kultivieren. Pflanzen die nach der Aussaat schnell eine erste Ernte ermöglichen, sind ebenfalls willkommen.

BLUMEN SIND … NÜTZLICH

Es gibt keinen Grund, Blumen aus Permakulturgärten fernzuhalten. Allerdings sollte man jene bevorzugen, die „nützlich“, also genießbar, sind und direkt ausgesät werden können, sodass das Anlegen der Kultur kaum Umstände bereitet. Auch manche Gemüsesorten wie Spanische Bohnen entwickeln eine spektakuläre Blüte, die im Übrigen unerlässlich für das Erscheinen der Bohnenschoten ist. Zahlreiche andere Blütenpflanzen wie Lavendel, Waldmeister oder zahlreiche Duftgeranien wie „Lemon Fancy“, „Fruity“ und „Orange Fizz“ sind ebenso schön wie nützlich. Sie müssen sich also nicht zwischen dem Nützlichen und dem Angenehmen entscheiden.

Borretsch

Die Schmucklosigkeit der großen, rauen Borretschblätter erinnert an den Stoff von Mönchskutten. Aber das ändert sich zwischen Juni und September, wenn sich die 2 bis 3 cm großen, sternförmigen Blüten öffnen – zunächst purpurrot, dann azurblau. Sie werden dann gepflückt, um Salate und Rohkost zu dekorieren, oder zum Schmücken von Nachtischen kandiert. Die Pflanze selbst „erträgt geduldig die Nachlässigkeit des Gärtners“, wie schon Olivier de Serres bestätigte. Das bedeutet für Sie, dass sie sich selbständig jedes Jahr neu aussät, wenn Sie darauf achten, dass einige Stiele Samen bilden.

Aussaat Blütezeit

	J	F	M	A	M	J	J	A	S	O	N	D
Borretsch				Aussaat	Blütezeit	Aussaat	Blütezeit	Aussaat	Blütezeit			

Kapuzinerkresse

Sowohl die Zwerg- als auch die rankende Kapuzinerkresse wurde in unseren Gärten zunächst als „Indische Kresse“ heimisch. Sie besitzt nämlich einen frischen, leicht pfeffrigen Geschmack, weshalb sie in gemischten Salaten verwendet werden kann. Es handelt sich um eine einjährige Pflanze, die nach dem letzten Frost direkt im Garten ausgesät wird und sich bis zum Herbst entfaltet. Für die rankende Sorte benötigt man eine Stützvorrichtung.

■ Aussaat ■ Blütezeit

	J	F	M	A	M	J	J	A	S	O	N	D
Rankende Kapuzinerkresse					Aussaat	Aussaat	Blütezeit	Blütezeit	Blütezeit			
Zwergkapuzinerkresse					Aussaat	Blütezeit	Aussaat	Blütezeit	Blütezeit			

Beinwell

In Permakulturgärten werden gemeinhin verschiedene Beinwellsorten kultiviert. Sie sind mehrjährig, erreichen je nach Varietät unterschiedliche Höhen und sind ganz besonders widerstandsfähig. Beinwell lässt sich durch Aussaat (botanische Art), das Abnehmen von Stecklingen oder durch Teilung des Stammes (bei den verschiedenen Kulturvarietäten) reproduzieren und ist wegen seines hohen Anteils an Düngeelementen beliebt. Beinwell ist im Übrigen ein hervorragender dauerhafter Gründünger.

■ Aussaat oder Verpflanzung ■ Blütezeit

	J	F	M	A	M	J	J	A	S	O	N	D
Beinwell			Aussaat oder Verpflanzung	Aussaat oder Verpflanzung	Blütezeit	Blütezeit	Blütezeit	Blütezeit	Blütezeit			

Fenchel

Diese Pflanze verströmt von Kopf bis Fuß einen sanften, anisartigen Duft und wird genutzt, um Salate und Rohkost abzuschmecken und gebratenen Fisch zu würzen. Sie sollten ihn entweder an Ort und Stelle oder in einer geschützten Multitopfplatte aussäen. Wenn er einmal im Garten heimisch geworden ist, reproduziert sich Fenchel von einem Jahr aufs andere und breitet sich gerne aus, vor allem in leichten Böden und an sonnigen Plätzen.

■ Aussaat ■ Blütezeit

	J	F	M	A	M	J	J	A	S	O	N	D
Fenchel				Aussaat	Aussaat	Blütezeit	Blütezeit	Blütezeit	Blütezeit			

Tagetes/Studentenblume

Tagetes – in Varianten mit kleineren und größeren Blüten – werden häufig im Gemüsegarten angepflanzt, um dem Auftreten der Weißen Fliege auf Kohl und des Mehltaus auf Tomaten und Kartoffeln vorzubeugen. Tatsächlich besteht aber ihr einziger nachgewiesener Effekt darin, die Population von mikroskopisch kleinen Schädlingswürmern, den Fadenwürmern, im Boden zu verringern. Obwohl Tagetes essbar sind, finden ihre sehr geschmacksintensiven Blätter heutzutage nur selten in der Küche Verwendung. Aber aufgrund ihres leichten Anbaus durch direkte Aussaat, unter Umständen durch Umpflanzen, und ihrer gelben und leuchtend orangenfarbenen Blüten sind sie sehr gut für Permakulturgärten geeignet.

Aussaat | Verpflanzen | Blütezeit

	J	F	M	A	M	J	J	A	S	O	N	D
Tagetes/Studentenblume				Aussaat	Verpflanzen	Blütezeit	Blütezeit	Blütezeit	Blütezeit	Blütezeit		

Ringelblume

Ringelblumen machen dem Gärtner keine Sorgen. Sie wachsen an sonniger wie an halbschattiger Stelle auf normalem, aber kühlem Boden. Eine Bodenbedeckung kommt ihnen gelegen. Die direkte Aussaat an hellen Orten ist dem Verpflanzen vorzuziehen und ergibt ein üppigeres Wachstum. Ihre gelben oder leicht orangefarbenen Blüten erscheinen zwei Monate nach der Aussaat. Das Entfernen verblühter Blüten verlängert die Blütezeit; lässt man den Blütenstand stehen, kommt es zur Samenbildung, spontaner Aussaat und einer weiteren Blüte im Herbst.

Aussaat | Blütezeit

	J	F	M	A	M	J	J	A	S	O	N	D
Ringelblume			Aussaat	Aussaat	Blütezeit	Aussaat	Blütezeit	Blütezeit	Blütezeit			

OBST

Lassen Sie bei der Auswahl Ihren Geschmack entscheiden. Geben Sie Obstbäumen und -sträuchern den Vorzug, die zu Ihrem Boden und Ihren Klimabedingungen passen. Ebenso wichtig ist es, bei Kern- und Steinobst die richtige Form auszuwählen. Diese variiert in der Baumschulgärtnerei je nach Ortsüblichkeit, Bodenbeschaffenheit und Baumwachstum und unterscheidet sich in Spalierobst oder Hochstamm.

Steinobst

Zu den Steinobstsorten gehören Aprikose, Kirsche, Pfirsich und Pflaume. Die Bäume werden mit der nackten Wurzel im Oktober oder November gesetzt. Ihre Früchte werden essreif geerntet und gleich verzehrt oder eingemacht oder zu Konfitüre verarbeitet. Die Zeit der Kirschen ist wahrlich kurz – wie im Übrigen auch die der Aprikosen, Pfirsiche und Pflaumen –, aber wenn Sie auf eine Streuung der Sorten achten, können Sie über einen deutlich längeren Zeitraum ernten.

Einpflanzen Ernte

	J	F	M	A	M	J	J	A	S	O	N	D
Aprikose (je nach Sorte)							Ernte	Ernte		Einpflanzen	Einpflanzen	
Kirsche (je nach Sorte)					Ernte	Ernte	Ernte			Einpflanzen	Einpflanzen	
Pfirsich (je nach Sorte)						Ernte	Ernte	Ernte	Ernte	Einpflanzen	Einpflanzen	
Pflaume (je nach Sorte)								Ernte	Ernte	Einpflanzen	Einpflanzen	

Kernobst

Zu den Kernobstsorten zählen Quitte, Birne und Apfel. Die Bäume werden mit der nackten Wurzel im Oktober oder November gesetzt. Ihre endgültige Größe hängt stark von der Sorte und dem Boden ab. Die weniger kraftvollen bleiben bei 3 m Höhe, während Hochstammbäume 8 bis 10 m erreichen. Quitten werden im Oktober reif und dann geerntet. Je nach Reifezeitpunkt werden Saisonäpfel und -birnen im Sommer und Herbst geerntet. Die Früchte, die gelagert werden sollen, werden Mitte Oktober gepflückt, im Keller gelagert und je nach Sorte zwischen November und Mai verspeist.

Einpflanzen   Ernte

	J	F	M	A	M	J	J	A	S	O	N	D
Quitte										Ernte	Einpflanzen	
Birne (je nach Sorte)							Ernte	Ernte	Ernte	Ernte	Einpflanzen	
Apfel (je nach Sorte)							Ernte	Ernte	Ernte	Ernte	Einpflanzen	

Nützliche Biodiversität

Es macht mehr Spaß, sich um einen Garten zu kümmern, der eine breite Palette an Pflanzen beherbergt. Es ist zudem einfacher und sorgt für mehr Zufriedenheit. Denn je größer die Zahl der kultivierten Arten ist, desto weniger werden Ihnen Parasiten und Schädlinge Probleme bereiten. Jede Art von Diversität ist also im Permakulturgarten willkommen, ob bei Pflanzengattung, -art oder -sorte.

Schwarze Johannisbeere, Rote Johannisbeere und Stachelbeere

Johannis- und Stachelbeersträucher sind robust, widerstandsfähig und halten sich im Garten mindestens zehn Jahre lang. Die Erntezeit ist relativ kurz – zwei bis maximal drei Wochen –, aber die Fruchtproduktion ist regelmäßig und stets reichhaltig. Die überschüssige Ernte kann leicht als Konfitüre oder Gelee verwertet werden. Da sich die Instandhaltung auf ein einfaches jährliches Zurückschneiden beschränkt, sollten Sie auf diese Sträucher mit ihren süßlich-säuerlichen Beeren nicht verzichten. Pflanzen Sie sie vorzugsweise im Herbst.

Einpflanzen Ernte

	J	F	M	A	M	J	J	A	S	O	N	D
Schwarze Johannisbeere			Einpflanzen	Einpflanzen		Ernte			Einpflanzen	Einpflanzen		
Rote Johannisbeere			Einpflanzen	Einpflanzen		Ernte			Einpflanzen	Einpflanzen		
Stachelbeere			Einpflanzen	Einpflanzen		Ernte			Einpflanzen	Einpflanzen		

Feige

Die Feige passt sich an unterschiedlichste Böden und selbst solche mit geringster Qualität an. Ihr Anbaugebiet wird nur durch ihre, je nach Sorte, unterschiedliche Kälteempfindlichkeit begrenzt. Ob mediterran, atlantisch oder kontinental – jede Region braucht die passende Sorte. In milden Klimazonen trägt der Feigenbaum zweimal: einmal im Sommer, einmal im Herbst. Pflanzen Sie Feigen vorzugsweise im März oder April.

Einpflanzen Ernte

	J	F	M	A	M	J	J	A	S	O	N	D
Feige			Einpflanzen	Einpflanzen			Ernte	Ernte	Ernte	Einpflanzen		

Erdbeere und Himbeere

Die aromatischen, süßen Him- und Erdbeeren können in der Saison täglich geerntet werden. Pflanzen Sie Himbeeren vorzugsweise im September, Erdbeeren im Herbst oder Frühling. Beide gehören zu den häufigsten Arten im Garten und wachsen dort mehrere Jahre lang (zehn bei Himbeeren und drei bei Erdbeeren). Treffen Sie vor dem Einpflanzen die Wahl zwischen den nicht-rankenden Sorten, die zahlreiche Früchte tragen, dies aber nur wenige Tage lang, und den rankenden Sorten. Letztere tragen über mehrere Monate Früchte, im Allgemeinen bis Mitte Herbst.

Einpflanzen Ernte

	J	F	M	A	M	J	J	A	S	O	N	D
Erdbeeren (nicht rankend)			Einpflanzen			Ernte			Einpflanzen	Einpflanzen		
Erdbeeren (rankend)						Ernte	Ernte	Ernte	Einpflanzen	Einpflanzen		
Himbeeren (nicht rankend)			Einpflanzen	Einpflanzen		Ernte						
Himbeeren (rankend)			Einpflanzen	Einpflanzen		Ernte	Ernte	Ernte	Ernte			

Kiwi, Gartenbrombeere und Tafeltraube

Als Kletterpflanzen benötigen Kiwi, Gartenbrombeere und Tafeltraube alle ein Gerüst. Kiwi und Tafeltraube sind als Jungpflanzen kälteempfindlich und werden vorzugsweise im März oder April im Garten gepflanzt.

Für die Brombeere und den Weinstock genügt ein flaches Gestell aus Holz- oder Metallpfosten, die mit drei bis fünf Eisendrähten horizontal verbunden werden. Kiwis bevorzugen als Stütze eine Laube oder Pergola, damit diese kraftvolle Pflanze ungehindert wachsen kann. Gartenbrombeeren erntet man im Sommer, Kiwis Ende Herbst. Je nach Sorte reifen Tafeltrauben von August (frühe Sorten) bis Oktober (späte Sorten).

Einpflanzen Ernte

	J	F	M	A	M	J	J	A	S	O	N	D
Kiwi			Einpflanzen	Einpflanzen						Ernte		
Gartenbrombeere			Einpflanzen	Einpflanzen			Ernte		Einpflanzen	Einpflanzen		
Tafeltraube (je nach Sorte)			Einpflanzen	Einpflanzen				Ernte	Ernte	Ernte		

Salade
Repiquage
20/06/13

BEPFLANZEN SIE IHREN PERMAKULTURGARTEN

Zunächst sollten Sie sich mit dem vertraut machen, was Ihren Garten ausmacht: seine Oberfläche, seine geographische Lage und die Bodenbeschaffenheit – also mit allem, was Ihren Garten zu Ihrem und nicht zu einem x-beliebigen macht.

Doch trotz der Kenntnisse, die Sie sich dabei aneignen, sollten Sie sich darüber hinaus kontinuierlich den klimatischen Eigenheiten des Jahres anpassen, ob Gluthitze oder Kühle, Feuchtigkeit oder Dürre.

Man kann hierzu zwar allgemeine Anhaltspunkte liefern, doch diese müssen stets an die Gegebenheiten angepasst werden. Permakulturgärten bieten eben keine schlüsselfertigen Lösungen.

DIE RICHTIGEN VORGEHENSWEISEN

Einen Permakulturgarten zu betreiben bedeutet, Gelegenheiten zu ergreifen und vor allem das zu nutzen, was Ihnen „vor die Füße fällt". Ein Permakulturgarten ist energiesparend im Unterhalt und sehr anpassungsfähig; der Anbau zielt auf größtmögliche Erträge und reduziert gleichzeitig, soweit es geht, Zusätze von außen, die berühmt-berüchtigten Zugaben des klassischen Anbaus. Doch über die grundsätzliche Permakulturgarten-Praxis, wie dauerhafte Bodenbedeckung mit wiederverwertetem oder selbst hergestelltem organischen Material und weitestgehender Verzicht auf Bodenbearbeitung, hinaus, gibt es einige Methoden, die vorteilhaft eingesetzt werden können. Aber auch hier gilt: ein flexibles Vorgehen ist wichtig.

Von traditionellen Gärten …

In traditionellen Gärten findet man Gemüse, Blumen, Gewürze und Obst überall, außer auf den Zugangswegen, die oft ganz einfach angelegt sind. Der Anbau erfolgt in Reihen oder mehr oder weniger angelegten Anhäufungen, immer jedoch sehr konzentriert. Die systematische Verwendung pflanzlichen Bodenbelags und die auf das bloße Durchlüften beschränkte Bodenbearbeitung machen aus einem klassischen Garten schon einen Permakulturgarten. Da diese Methode die Oberfläche effizienter nutzt, sollte man besonders in kleinen oder mittelgroßen Gärten, wo jeder Quadratzentimeter zählt, auf sie setzen.

… zu weniger traditionellen Gärten

Ganz allgemein werden im Permakulturgarten die Anbauflächen eingegrenzt, damit man nicht gezwungen ist, auf Stellen mit Kulturen zu treten. Diese Technik, die die Anpflanzung ebenso wie die weitere Pflege der Pflanzen erleichtert, sollte überall dort angewendet werden, wo eine größere Anbaufläche zur Verfügung steht. Sie ermöglicht überdies die schnelle Bepflanzung Ihres Gartens auch unter Bedingungen, die klassischerweise dem Gartenbau entgegenstehen: bei minderwertigen, schweren, kompakten oder zu feuchten Böden.

Hügelbeete

Es finden sich so zahlreiche Hügelbeete in Permakulturgärten, dass sie manchmal – fälschlicherweise – als Inbegriff der Permakultur selbst angesehen werden. Die langgezogenen Beete messen normalerweise 1,20 m in der Breite (Standardmaß der Beete in einem traditionellen Garten) und 50 cm oder mehr in der Höhe. Liegen mehrere Hügelbeete im selben Garten nebeneinander, werden sie durch mindestens 30 cm, normalerweise 50 cm breite Wege getrennt.

Die ganze Hügelbeetanlage kann aus einem Einzelbeet, mehreren parallelen Beeten oder fantasievollen Anordnungen wie

EIN HÜGELBEET ANLEGEN

Das Anlegen eines Hügelbeets erfordert eine etwas lästige Terrassierung, erlaubt aber die umgehende Bepflanzung eines kargen Bodens.

❶ Lockern Sie den Boden auf der ganzen Fläche auf, auf der das Hügelbeet angelegt werden soll.

❷ Markieren Sie mit einer Kordel die Breite der Hügel und der Trennwege.

❸ Häufen Sie das gröbste organische Material, über das Sie verfügen, an den Stellen der zukünftigen Hügelbeete auf.

❹ Graben Sie die Wege 20 cm tief aus, je nach Bodenbeschaffenheit mit dem Spaten, der Grabegabel, der Schaufel oder der Hacke. Bedecken Sie mit dem Aushub die bereits deponierten organischen Haufen.

❺ Bedecken Sie die Hügel mit einer letzten Schicht hochwertiger Erde, reifem Kompost oder einfach guter Gartenerde.

U-Form, Labyrinth oder Wellenform bestehen.

Ein Hügelbeet wird grundsätzlich ohne Bodenbearbeitung und mit einer dauerhaften pflanzlichen Abdeckung genutzt, auf Dauer angelegt und jedes Jahr wieder neu bepflanzt. Da es dazu neigt, sich mit der Zeit zu senken, benötigt es eine kontinuierliche Instandhaltung.

Bei klassischen Hügelbeeten gibt es verschiedene Ausprägungen wie das „Sandwich", in dem große Äste, Häcksel, Kompost, Erde und Mulch vermengt werden. Es gibt außerdem zahlreiche angepasste Beetformen, die von verschiedenen Permakulturgärtnern propagiert werden. Solche Beete sind manchmal von 20 cm hohen Holzbrettern umgeben, die das Absinken und die Erosion durch abfließendes Wasser eindämmen.

Kräuterspiralen

Auch andere erhöhte Beetformen sind in Permakulturgärten „in". So ermöglichen es Kräuterspiralen, fast die komplette Bandbreite dieser Pflanzen zu kultivieren und dabei jeder einzelnen die Sonnenbestrahlung und die nötige Erdtiefe für ein ideales Wachstum zur Verfügung zu stellen. In sogenannten „Schlüsselloch-Beeten" kann man Hügelbeete und die Verwertung organischer Abfälle kombinieren.

In der Permakultur kommt man an Hügelbeeten kaum vorbei

Hochbeete

Diese erhöhten Beete erinnern an Hügelbeete und haben auch ihre Maße (1,20 m breit und 50 cm breite Trennwege). Die Beete sollten so angelegt sein, dass man sie niemals betreten muss. 10 bis 20 cm lange Holzverschalungen begrenzen die Anbaufläche und trennen sie von den Wegen dazwischen, um Zugang und Instandhaltung zu erleichtern. Hochbeete werden mit hochwertiger Gartenerde oder Kompost gefüllt und überragen die umliegende Fläche um 5 bis 20 cm. Die Bretterverschalung verhindert somit das Abrutschen und Wegschwemmen der Erde. Darüber hinaus wird auch verhindert, dass Schädlinge und Unkraut den Weg ins Beet finden.

Lasagne-Beete

Lasagne-Beete sind eine besondere Form des Hügelbeets. Das Terrain – normalerweise eine Wiese oder Brache – wird mit Pappen bedeckt, die das Bett des Lasagne-Beetes bilden. Es folgt auf 50 bis 70 cm Höhe die Ausbreitung von sukzessiven Schichten aus verschiedenen organischen Materialien: Grasschnitt, tote Blätter und vorzugsweise gehäckselte Äste, Stroh, kompostierter Mist, auch grober Kompost usw. Schließlich wird das Ganze mit einer ca. 10 cm dicken Schicht aus reifem Kompost oder einer Mischung aus Gartenerde und Kompost bedeckt. Einen Monat später, nachdem sich das Beet gesetzt hat, sollte es noch mindestens 30 cm hoch sein. Wenn sie im März angelegt werden, können Lasagne-Beete ab April mit ersten Radieschen und Kopfsalaten und ab Mitte Mai mit Tomaten, Paprika, Auberginen, Zucchini und Gurken bepflanzt werden.

Anbaukarrees

Anbaukarrees erinnern an die Kästen der traditionellen Hochbeete, werden jedoch mit größerer „Strenge" angelegt. Diese Quadrate – manchmal auch Rechtecke – sind 1,20 bis 1,50 m breit und durch 50 cm breite Wege getrennt.

Jedes Karree wird in kleinere Vierecke von 40 bis 50 cm Breite untereilt, die jeweils eine einzige Gemüse-, Kräuter- oder Gewürzsorte enthalten – verpflanzt oder ausgesät. Diese Struktur wirkt zwar in einem Permakulturgarten etwas künstlich, ist aber bei kleinen Flächen durchaus angemessen. Zusammen mit anderen Techniken ist es so möglich, sich auf den Anbau empfindlicher

WILLKOMMENE TIERE

Wenn genügend Platz und Ihrerseits Lust vorhanden ist, können Sie in Ihrem Permakulturgarten verschiedenes Federvieh wie Hühner, Enten und Gänse halten. Deren Anwesenheit hilft im Garten gegen Schädlinge jeder Art – Unkraut, Schnecken und verschiedenes Gewürm (Nachtfalter-, Maikäfer-, Wurzelbohrer- und Schnellkäferlarven) –, sorgt für natürliche Düngung des Gartens und liefert dazu noch Eier und Fleisch.

Gemüse-, Kräuter oder Gewürzpflanzen zu konzentrieren, die anderswo schwieriger zu züchten sind.

Auch sehr empfindliche Kulturen lassen sich gut mit einem Permakulturgarten in Einklang bringen: Das sind Pflanzen, die im Gewächshaus oder im Tunnel, d. h. mit dem Treibhauseffekt der transparenten Haube, gedeihen. So kultiviert, können Temperatur und Feuchtigkeit besser kontrolliert werden und gleichzeitig kann durch diese Methode die Ernte zahlreicher Gemüsesorten beschleunigt, manchmal auch hinausgezögert und vor allem geschützt werden. Möglich ist sogar die Ausweitung auf exotische oder sehr wärmebedürftige Sorten wie Melonen. Außerdem erleichtern die verschiedenen Schutzvorrichtungen im Frühling erheblich das Heranziehen junger Setzlinge für das Umpflanzen.

Tunnelanbau von Fenchel und Melone

PERMAKULTUR UND TOPFKULTUR

Der Rückgriff auf Topfkulturen ist nicht unvereinbar mit der Permakultur. Allerdings besitzen die in Behältern gezogenen Pflanzen nicht die Autonomie der frei wachsenden Pflanzen und die Zwänge der „Betreuung" – vor allem Düngung und Bewässerung – stehen im Gegensatz zu den Permakulturmethoden. Zudem werden durch die kleine Anbaufläche Erntemenge und Sortenvielfalt erheblich eingeschränkt. Allerdings erleichtern Topfkulturen eine frostfreie Überwinterung und damit auch, dass Sträucher oder mehrjährige Pflanzen im Garten gedeihen, die weniger widerstandfähig sind.

SORGEN SIE FÜR STRUKTUR

Finden Sie heraus, was bereits vorhanden ist und funktioniert, ohne dass Sie eingreifen müssen. Berücksichtigen Sie für Ihre Entscheidung alles: Form und Größe des Gartens, Besonderheit der Topographie, Bodenbeschaffenheit, Menge und Zeitpunkt der Regenfälle, Tiefst- und Höchsttemperaturen, Sonneneinstrahlung usw. Planen Sie ausgehend von dieser Bestandsaufnahme und gestalten Sie Ihren Garten nach Ihren Vorlieben.

Ein Permakulturgarten ist ein Ganzes, das aus Teilen besteht: in der Permakultur wird das oft als „Zonierung" bezeichnet. Sofern vorhanden, stellt das Wohnhaus normalerweise das Zentrum dar, um welches sich die Zonen mehr oder weniger konzentrisch ausbreiten. In der Nähe des Hauses platziert man die Kulturen, die vor allem beim Gießen eine stetige und sorgfältige Präsenz benötigen. Je mehr man sich vom Zentrum fortbewegt, desto mehr sollte sich der Garten selbst versorgen. Folglich stehen Kräuter und Gewürzpflanzen ganz nahe am Haus, gefolgt vom Gemüse- und schließlich dem Obstgarten und dem Hühnerstall.

Hügelbeete, Anbaukarrees, Hochbeete, Lasagne-Beete, überdachte Kulturen – keine dieser Techniken ist im Permakulturgarten unverzichtbar. Doch wenn Sie eine davon verwenden, weisen Sie ihr den passenden Platz zu. Da Karrees und Kräuterspiralen eine regelmäßige Anwesenheit erfordern, werden sie, wie auch Gewächshäuser, nahe am Haus platziert, während Hügel- und Hochbeete, die weniger intensive Aufmerksamkeit erfordern, in der zweiten Zone angesiedelt werden, nicht weit von eventuellen Folientunneln entfernt. Da für den Obstgarten eine gelegentliche Anwesenheit ausreicht, befindet er sich am Rand des Grundstücks.

EIN PLAN . . . UND NOCH EIN PLAN

Wenn man sich für Permakultur entscheidet, sollte man auf zwei Fragen eine klare Antwort haben: Wie stelle ich es an? Und wo will ich hin?

Die erste Frage wird mit einem mehr oder weniger ausgefeilten und gezeichneten Plan oder Schema beantwortet.

Die Beantwortung der zweiten Frage erfordert einen subjektiveren „Plan", der sich an Ihren persönlichen Vorstellungen und Wünschen orientiert.

BEREITEN SIE IHREN BODEN VOR

Auf einem von Natur aus humusreichen Boden können Sie direkt und ohne vorherige Verbesserungen anbauen. Andernfalls ist es wichtig, vor Ort gewonnene oder anderswo aufgesammelte, organische Beigaben zu verwenden. Hier ist zu berücksichtigen, ob die Erde kompakt oder leicht ist.

Bei einer schweren Erde und in kontinentalen Regionen mit kalten Wintern beginnen Sie im Herbst mit der Arbeit. Lüften Sie den Boden mithilfe des Grelinette-Spatens, wo es nötig ist (wobei das Ziel für die Folgejahre ist, die Bodenbearbeitung zu begrenzen und sogar schrittweise ganz einzustellen). Verteilen Sie die pflanzliche Materie auf der Oberfläche, um den Boden anzureichern und zu vermeiden, dass er unbedeckt ist. Wenn die Anbaukulturen bald auf das Ausbringen der Abdeckschicht folgen sollen, ist es ratsam, dass die verschiedenen organischen Materialien, wie Häcksel, Stroh oder Mist, zuvor kompostiert wurden.

Lüften Sie den Boden mithilfe des Grelinette-Spatens

Bei schlechten Böden kann eine zweite Lüftung vonnöten sein, bevor die ersten Frühlingskulturen angesetzt werden. In jedem Fall geht der Aussaat und dem Einpflanzen eine letzte Verfeinerung des Bodens mit einer Gartenkralle voraus.

Nachdem ein Permakulturgarten mehrere Jahre lang betrieben wurde und die Erde einmal locker und humusreich genug ist, reicht es im Frühling aus, die organische Streu, die den Boden bedeckt, zur Seite zu schieben und den Boden oberflächlich anzurauen, bevor Aussaat bzw. Pflanzung erfolgen.

UNABHÄNGIGKEIT ODER ABKAPSELUNG?

Der Wunsch, äußere Einflüsse so weit wie möglich zu beschränken, prägt die Permakultur. Doch nicht zu viel des Guten: Abkapselung bedeutet Isolation und die wiederum widerspricht den Grundlagen der Permakultur. Ein gewisser Drang nach Unabhängigkeit bedeutet nämlich nicht, dass man nicht punktuell für lokalen Nachschub sorgen darf, sowohl beim Kauf von Setzlingen als auch von organischem Material, Kompost und Stallmist.

SÄEN UND PFLANZEN

Säen Sie Gründünger durch Wurfaussaat

Wie im klassischen Gartenbau ändern sich die Saat- und Pflanzmethoden je nach Kultur. Im Permakulturgarten sollte die Direktaussaat den Vorzug erhalten, wo immer es möglich ist. In den anderen Fällen erfolgt das Umpflanzen mit Erdballen oder aus kleinen Töpfen, die an Ort und Stelle gezogen werden – was vorzuziehen ist – oder im Gartencenter erworben wurden.

Frühlings-Gründünger, wie Wilder Senf und Raps, werden ab Ende Februar/März in Beeten ausgesät, die nicht vor Mitte Mai kultiviert werden sollten.

Auf den Seiten 26–49 finden Sie Informationen zu den Saat- und Pflanzbedingungen der einzelnen Kulturen.

SELBST PFLÄNZLINGE VERVIELFÄLTIGEN

Der Gartenfachhandel hält in großer Menge Gemüse, Kräuter und Gewürzpflanzen zum Auspflanzen mit Erdballen oder in Töpfen bereit. Da es aber in der Permakultur um Autonomie und ökonomisches Handeln geht, sollte man sich ermutigt fühlen, sie selbst zu ziehen. Ihre Aussaat erfolgt daher, vorgezogen in Multitopfplatten, ab Ende Februar oder März.

KÜRBISGEWÄCHSE DIREKT AUSSÄEN

Die großen Samen der Kürbisgewächse werden unter einer Dauerabdeckung auf einem wenig oder gar nicht bearbeiteten Boden ausgesät. Da die Kultur von Riesen-, Hokkaido- und Turbankürbis nicht aufwendig ist, können diese Gemüsesorten ganz am Rande des Gartens angebaut werden. Zucchini, Patisson und Gurke, die schon allein wegen der Ernte eine größere Präsenz erfordern, finden ihren Platz im Gemüsegarten, unweit des Hauses.

❶ Ziehen Sie die Bodenbedeckung auf einer Breite von ca. 30 cm auseinander, um die Erde freizulegen.

❷ Lüften Sie den Boden mithilfe einer Gartenkralle, bevor Sie eine kleine, 3 cm tiefe Mulde graben.

❸ Setzen Sie zwei Samen ein und bedecken Sie sie mit lockerer Erde, die eventuell mit Kompost vermischt wurde.

❹ Gießen Sie mit dem Brauseaufsatz, bevor Sie die Abdeckschicht, nicht zu dicht, wieder zusammenschieben.

Lassen Sie anschließend für die weitere Aufzucht nur den kräftigsten Trieb stehen.

SORGEN SIE FÜR EINE DAUERHAFTE BODENBEDECKUNG

Ab Ende Mai sollte die ganze Fläche des Gartens von den ausgesäten oder verpflanzten Pflanzen bedeckt sein. Wenn die Zeit fehlt, in vorbereiteten Bereichen Kulturen zu ziehen, sollte man dort lieber Gründünger aussäen, als sie brachliegen zu lassen, damit sich Unkraut nicht unkontrolliert ausbreitet. In der Permakultur greift man für die Bodenbedeckung im Sommer vor allem auf verschiedene Mulcharten zurück.

Mulch bezeichnet eine Bodenbedeckung aus irgendeinem organischen Material: gemähtes Gras, geschnittener Gründünger, unterschiedliche Häcksel, kompostierter Viehmist oder Kompost. Daneben gibt es auch als Mulch bezeichnete Bodenbedeckungen aus feinem Stroh.

Je nach verwendetem Produkt variiert die Dicke der Deckschicht. Je kleiner die Partikel des Materials sind, desto geringere Mengen werden benötigt. Weiterhin wird frisches Material, wie gemähtes Gras oder frisch geschnittener Gründünger, weniger dick aufgetragen als trockene oder kompostierte organische Materialien. Eine Schicht aus zerkleinertem Grasschnitt darf 2 bis 3 cm nicht überschreiten, während trockenes Stroh und grober Kompost bis zu 15 cm hoch aufgeschichtet werden können.

Die Bedeckung junger Sämlinge erfordert größere Sorgfalt als bei verpflanzten Gemüse-, Kräuter- und Gewürzsorten. Begnügen Sie sich damit, sie ganz leicht zu bedecken, oder warten Sie bei den empfindlichsten, wie z. B. jungen Karottensämlingen, das Keimen ab, bevor Sie eine dünne, luftige Bodenbedeckung auftragen. Vermeiden Sie es im Frühling, Mulch- und Strohschichten auf zu trockener Erde zu platzieren, da diese dann nur langsam wieder Feuchtigkeit aufnimmt.

OBERFLÄCHEN-KOMPOSTIERUNG

Frisch gewonnene organische Materie als Abdeckung zu verwenden, kommt einer Oberflächenkompostierung gleich. Diese ist weniger umständlich, weniger energieaufwendig und zeitsparender als die Haufenkompostierung. In Einklang mit den Grundregeln der Permakultur sollte sie daher angewendet werden, wann immer es möglich ist. Zudem ermöglicht sie die Gewinnung von hochwertigem Humus bei gleichzeitiger Minimierung des Kohlenstoffverlustes.

BETREUEN SIE IHRE KULTUREN

Nachdem sie einmal ausgesät oder verpflanzt worden sind und die organische Mulchschicht vorhanden ist, kann das Wachstum des Gemüses und der Gewürzpflanzen beginnen. Je nach Art sollte man zwischen Pflanzung und Ernte einige Wochen bis mehrere Monate einplanen.

Tomatensträucher brauchen Halt, damit sie nicht auf dem Boden zusammensinken. Befestigen Sie deshalb junge Triebe an Stützen; wenn Sie Spiralstützen verwenden, genügt es, die Triebe zwischen den Spiralen durchzuführen. Auberginen und Paprika profitieren ebenfalls von Rankhilfen, da ihre Früchte in der zweiten Sommerhälfte aufgrund ihres Gewichts dazu neigen, die Pflanze vollständig auf den Boden zu ziehen. Wenn Sie Gurken, Melonen und andere bodenrankende Kürbisgewächse (Hokkaido-, Butternut-, Spaghettikürbis) mit drei, wie bei einem Tipi aufgestellten, Stützen versehen, reifen die Früchte schneller und Sie können zugleich leichter ernten und Platz sparen. Stangenbohnen brauchen eine Rankhilfe aus mindestens 2 m hohen Stangen.

Bodenbedeckung bei Tomaten verhindert das Auftreten von Unkraut

Junge Tomatentriebe, die sich am Blattansatz bilden, werden bei jedem neuen Auftreten entfernt (ausgeizen). Bei Gemüsesorten, die empfindlich auf Blattlausbefall reagieren, verhindert das Abzupfen der ersten Triebe die Ausbreitung der wimmelnden Schädlinge.

Die pflanzliche Bodenbedeckung verhindert die Ausbreitung von Unkraut. Entfernen Sie je nach Bedarf das Unkraut, das sich trotzdem gebildet hat. Da die Zahl der Unkräuter, die den Weg durch den Mulch finden, normalerweise sehr gering ist, ist dieses Jäten eine reine Formalie. Damit es zu keiner spontanen Aussaat der Unkräuter kommt, sollten Sie sie besser entfernen, bevor sie Samen bilden.

Auch wenn es weniger aufwendig ist als in einem klassischen Garten, ist situationsangemessenes Gießen im Permakulturgarten wichtig. Doch auch hier sind Ihre Eingriffe gering, da die an organischem Material reiche Erde verstärkt Wasserreserven bildet und die Mulchschicht das Verdunsten

Schutz und Bleichen von Gemüseartischocken

begrenzt. Im Permakulturgarten betrifft das Gießen vor allem junge Sämlinge und frisch pikierte Pflanzen.

Am besten gießen Sie nach Bedarf per Hand mit der Gießkanne oder einem Gartenschlauch. Zu Beginn werden die empfindlichen Sämlinge großflächig (mit Brauseaufsatz oder Sprühpistole), frisch pikierte Pflanzen dagegen gezielt gegossen. Achten Sie darauf, die Blätter nicht mitzugießen, um das Auftreten und die Entwicklung von Pilzkrankheiten nicht zu begünstigen. Eine tiefe kreisförmige Mulde um die pikierten Pflanzen herum erleichtert die Wasserzufuhr. Es ist eventuell nötig, die pflanzliche Deckschicht gelegentlich anzuheben und den Boden leicht aufzukratzen, um den Feuchtigkeitsgrad zu überprüfen und die Wasserreserven abzuschätzen. Der Wasserbedarf variiert je nach Art sehr stark; die meisten Pflanzen zeigen ihren Bedarf an Wasser zur heißesten Zeit des Tages durch ein vorübergehendes Erschlaffen der Blätter.

Manche Gemüsesorten wie Gemüseartischocken und, in geringerem Ausmaß, glatte und gekrauste Endivie sowie Staudensellerie benötigen ein Bleichen an Ort und Stelle oder, was Witloof-Chicorée betrifft, sogar eine Frühkultur im Keller.

AN DIE ERNTE

Ein in Permakultur betriebener Familiengarten kennt keinen Mindestertrag und keine verpflichtenden Erntezeiten.

Nichtsdestoweniger erfordert die Ernte der verschiedenen Gemüse-, Kräuter-, Gewürz- und Obstsorten eine regelmäßige Anwesenheit und eine beständige Aufmerksamkeit. Geerntet wird die ganze Zeit über und dies zwölf Monate im Jahr. Auch wenn man die Ernte gelegentlich aufschieben kann, sollte sie regelmäßig und zum richtigen Zeitpunkt erfolgen, ein- oder zweimal pro Woche.

Warten Sie mit der Ernte Ihrer Roten Bete nicht zu lange

- Zahlreiche Gemüsesorten wie Radieschen, Weiße Rüben, Dicke Bohnen, Erbsen, die verschiedenen Salatsorten und Gewürzgurken schmecken besser, wenn sie jung sind und direkt geerntet werden, sobald sie reif sind.
- Spargelstangen, die Schoten Grüner Bohnen und Zucchini müssen schnell geerntet werden, bevor sie groß werden. Zu spät geerntet, werden auch Gurken bitter und Auberginen nehmen einen herben Geschmack an.
- Wenn Sie zu lange mit der Ernte von Roter Bete, Artischockenköpfen und Kohlrabi warten, bekommen diese eine faserige Struktur.
- Die verschiedenen Kohlsorten, Früh- und Sommerkartoffeln, Tomaten und Paprika verzehrt man in einem mehr oder weniger fortgeschrittenen Reifestadium.
- Karotten können beliebig jung – bei Frühkarotten – oder ganz reif – bei Herbst- und Wintervarietäten – geerntet werden.

Pastinaken werden je nach Bedarf geerntet

- Gemüse, das getrocknet eingelagert werden soll, wie Bohnensamen, Dicke Bohnen und Erbsen, wird am Kulturende eingesammelt, ebenso wie die verschiedenen Laucharten im Gemüsegarten, wie Knoblauch, Schalotten und Zwiebeln. Wurzelgemüse, das gelagert werden soll, hält sich besser, wenn es nur noch wenig Wasser in seinem Gewebe enthält.

- Alle Gemüsesorten, die im Keller gelagert werden sollen, wie Sellerie, Riesen-, Hokkaido-, Butternut- und andere Winterkürbisse, halten sich besser, wenn sie spät geerntet werden. Pflücken Sie sie zu einem trockenen Zeitpunkt und lassen Sie sie eine Weile im Trockenen ihre Feuchtigkeit verlieren, bevor Sie sie im Keller einlagern.

- Winterhartes Gemüse, wie Pastinaken, Lauch, Winterkohl (Wirsing und Rosenkohl) und Topinambur, wird je nach Bedarf geerntet.

- Hartblättrige mediterrane Pflanzen, wie Thymian, Oregano, Lorbeer, Rosmarin oder Echter Salbei, werden mittags gepflückt.

- Frische Blätter, wie Petersilie, Kerbel, Basilikum, Schnittlauch, Liebstöckel und Majoran, sind zarter und schmecken besser, wenn sie jung und zu Tagesbeginn geerntet werden.

- Für Kräutersträußchen müssen die Gewürze, die getrocknet werden sollen, an sonnigen Tagen zur Mittagszeit geerntet werden, nachdem der Tau verdunstet ist.

Für gute Konfitüren müssen Aprikosen richtig reif geerntet werden

- Rote und Schwarze Johannisbeeren, Stachelbeeren, Tafeltrauben, Brombeeren und Erdbeeren erntet man, sobald sie reif sind.

- Für einen idealen Zuckergehalt werden Aprikosen, Pfirsiche, Melonen und Erdbeeren geerntet, wenn sie ihre volle Reife erreicht haben. Pflaumen und Kirschen haben bei direktem Verzehr den höchsten Vitamingehalt.

- Sommer- und Herbstäpfel sowie -birnen erntet man je nach Reife und kann sie nicht lange aufbewahren. Äpfel und Birnen, die gelagert werden sollen, sowie Kiwis pflückt man Mitte Oktober und lässt sie im Keller nachreifen.

- Früchte, die roh zu Obstsäften, Fruchtsaucen oder Salaten – normalen Salaten wie auch Obstsalaten – verarbeitet werden sollen, werden geerntet, wenn sie reif, aber noch fest sind. Sollen sie zu Kompott, Marmelade oder Gelee verarbeitet werden, erntet man sie vollreif, wenn sie den intensivsten Geschmack haben.

Durch das Einmachen wird die Verfügbarkeit von Gemüse und Obst außerhalb der Saison verlängert. Da Beschädigungen die Aufbewahrungsdauer beeinträchtigen, sollten Sie mit Vorsicht pflücken und passendes Zubehör verwenden: Körbe, Obstpflücker, Klarsichtbeutel. Manche Sorten überdauern, wenn man sie lediglich im Winter vor Frost schützt. Einfrieren oder Einmachen unter Sterilisierung erlaubt einen Verzehr das ganze Jahr über. Verwenden Sie für die Herstellung von Saft einen Zentrifugen-Entsafter und bereiten Sie den Saft im letzten Moment vor, da zu Saft verarbeitetes Gemüse und Obst schnell oxidiert.

ZWEIT- UND DRITTKULTUREN

In Permakulturgärten, wie auch in klassischen Gärten, sind April und Mai die Hauptmonate der Gartenarbeit. Das Anlegen von Kulturen zieht sich allerdings, wenn auch in langsamerem Rhythmus, verschiedentlich bis Anfang Oktober. Dort auszusäen und zu verpflanzen, wo die Sommerernte neuen Platz frei gemacht hat, ist außerdem eine ästhetische und ertragreiche Art und Weise, den Boden nicht brachliegen zu lassen.

Auf den Seiten 26–49 finden Sie Angaben zu den Saat- und Pflanzbedingungen jeder einzelnen Kultur.

ÖKONOMISCH ODER ÖKOLOGISCH?

Permakultur unterscheidet nicht zwischen „ökonomisch“ und „ökologisch“, sondern versucht beide Aspekte zu vereinen. Alle Entscheidungen und alle Gartenbautechniken sollten daher gleichzeitig ökonomischen wie ökologischen Ansprüchen genügen.

Die Gartenmelde wird bis in den Oktober hinein ausgesät

IHR GARTEN IM WINTER

Frost und Schnee lassen die Erde hart werden, die zwar schlummert, aber nicht schläft. Denn selbst während der dunklen Wintertage ist ein Permakulturgarten nie leer und nackt. Wo weder Gemüse, Kräuter, Gewürze noch Gründünger die Erde bedecken, wird sie durch dicke organische Bodenbedeckungen vor der Witterung geschützt. Das blatt- und daher schmucklose Astwerk der Bäume und Büsche gibt dem Garten eine nüchterne Struktur.

Widerstandsfähiges Gemüse wie Feldsalat, Spinat, Rosenkohl, Wirsing, Lauch, Pastinak, Topinambur und sogar, behelfsmäßig geschützt, Winterkarotten und -salat wachsen weiter, sodass Sie in der ganzen dunklen Jahreszeit ernten können. Unter dem behaglichen Schutz einer dicken Strohschicht schlummern die Artischocken und warten auf die Rückkehr der warmen Tage. Rauke und Winterkresse halten sich bis zum Starkfrost im Januar und die im Herbst ausgesäten Samen der Gartenmelde warten nur auf den ersten Wärmeeinbruch, um zu keimen.

Raps, Wilder Senf und Rübsamen entwickeln sich sogar bei kühlem Wetter. Sie können daher im Großteil des Landes bis Anfang Oktober ausgesät werden. Die beiden Ersteren gefrieren bei -8 °C, Letzterer bei -12 °C. Tiefer Winterfrost erspart Ihnen somit das Schneiden vor dem ersten Anlegen der Frühjahrskulturen. Ein einfacher Dreh mit der Gartenkralle genügt, um die Erde für die neue Aussaat vorzubereiten.

Um Petersilie den ganzen Winter über ernten zu können, sollte die Spätsommer-Aussaat unter einem Schutzvlies oder noch besser unter einem abnehmbaren Frühbeetfenster geschützt werden. Strauchartigen Gewürzpflanzen, ob immergrün (Salbei, Thymian, Rosmarin, Lorbeer) oder nicht (Bohnenkraut, Oregano, Ysop) – und auch solchen, deren überirdischer Teil verschwindet, deren Wurzeln sich jedoch im Boden halten (Estragon, Minze, Melisse) – tut es gut, wenn sie im Winter von einer Schicht aus Kompost oder kompostiertem Stallmist bedeckt werden.

Tatsächlich sollte die ganze Oberfläche Ihres Gartens mit dem Einsetzen der Herbstregenfälle mit Kompost oder Stallmist bedeckt sein. Wird diese organische Bodenbedeckung zu spät auf einen bereits gefrorenen Boden aufgelegt, verzögert sie die Erwärmung des Bodens im Frühling.

BEREITEN SIE DAS KOMMENDE JAHR VOR

Ein Permakulturgarten hat eine Vergangenheit, eine Gegenwart und eine Zukunft. Ohne zu erstarren, wird er von einem zum anderen Jahr weitergeführt – auf identischen oder neuen Grundlagen. Es ist ratsam, eine Bilanz der erhofften und erzielten Ergebnisse zu ziehen und die gemachten Beobachtungen hinsichtlich des Terrains in die Überlegungen und Neuausrichtungen einfließen zu lassen. Denn im Lauf der Jahre geht es darum, manches dauerhaft werden zu lassen, aber auch für Innovationen zu sorgen, indem Sie sich für neue, noch passendere und effizientere Techniken entscheiden.

Haken Sie ab, was funktioniert hat und was nicht und listen Sie die Vorgehensweisen auf, die für Sie zufriedenstellend waren:

- ausgewählte Arten und Sorten
- Aussaat- und Verpflanzungszeitpunkt
- verwendetes Abdeckmaterial und Zeitpunkt der Anwendung
- Gießmethode usw.

Was zufriedenstellend war, wird beibehalten.

Nehmen Sie größere oder kleinere Anpassungen vor, wenn die Ergebnisse in keinem vernünftigen Verhältnis zum Aufwand stehen, besonders bei nicht erfolgreichen Kulturen (die es selbst im Permakulturgarten gibt). Und machen Sie niemand anderem Vorwürfe. Sie tragen die Verantwortung und treffen selbst die richtigen und falschen Entscheidungen.

Zeit für eine Bilanz

ZWÖLF MONATE PERMAKULTUR

Ein Permakulturgarten unterliegt einer saisonabhängigen Dynamik in einjährigem Zyklus – und einem mehrjährigen im Fall von Bäumen und Sträuchern.

Ihr Garten erfordert zwar eine Präsenz über zwölf Monate im Jahr, der Höhepunkt der Aktivitäten liegt aber immer zwischen März und Mai, mit einem letzten Aufflackern im September.

Den folgenden Kalender sollten Sie allerdings den Wetterbedingungen des Jahres anpassen und je nachdem notwendige Nachbesserungen aufnehmen.

■ Allgemeine Arbeiten ■ Gemüse ■ Kräuter/Gewürzpflanzen ■ Obst

Die angegebenen Daten können je nach regionaler Lage des Gartens und Kultureigenheiten variieren.

DURCHZUFÜHRENDE TÄTIGKEITEN	J	F	M	A	M	J	J	A	S	O	N	D
Planung	X											
Durchführung grober Arbeiten *(Terrassierung, Aufschüttung von Hügeln, Anlegen von Anbaukarrees, Errichtung von Gewächshäusern oder Tunneln usw.)*		X	X									
Ernte des Wintergemüses *(Lauch, Winterkarotte und Pastinak, Spinat, Topinambur, Rosenkohl, Wirsing)*	X	X	X							X	X	X
Anpflanzen von Frühlings-Gründünger *(Rübsamen, Raps oder Wilder Senf)*			X									
Pikieren der Frühlings-Lauchgewächse *(Rosa und weißer Knoblauch, Schalotte und Zwiebel)*			X									
Erste Aussaat an Ort und Stelle von Kräutern und Gewürzpflanzen *(Petersilie, Kerbel und Schnittlauch)*			X									
Geschützte Aussaat von Pflanzen, die später umgetopft werden *(Tomate, Aubergine, Paprika und Peperoni)*			X									
Vorbereitung des Komposthaufens			X	X								
Aussaat an Ort und Stelle von Frühlingsgemüse *(Dicke Bohne, Erbse, Karotte, Pastinak, Radieschen, Melde und Mangold)*			X	X								
Pflanzen von Frühkartoffeln			X	X								
Geschützte Aussaat von Gemüse *(Kopfsalat, Kohlsorten, Sellerie, Lauch)*			X	X								
Schnitt von Pfirsichbäumen			X	X			X					

DURCHZUFÜHRENDE TÄTIGKEITEN	J	F	M	A	M	J	J	A	S	O	N	D
Pflanzen von kälteempfindlichen Obststräuchern *(Tafeltraube, Kiwi, Feige)*				■								
Zweite Aussaat an Ort und Stelle von Kräutern und Gewürzpflanzen *(Dill, Koriander, Kerbel, Tagetes, Ringelblume und Kapuzinerkresse)*				■								
Frühlings-Absenken *(Thymian und Oregano)*				■								
Pflanzen von Kräutern und Gewürzpflanzen *(Salbei, Thymian, Rosmarin, Lorbeer, Bohnenkraut, Ysop, Majoran, Oregano, Estragon, Liebstöckeln, Minze und Melisse)*				■								
Ernten von Frühlingsgemüse *(Radieschen und Kopfsalat)*				■	■							
Ernten von Frühlingsgewürzen und Kräutern *(Petersilie, Schnittlauch und Kerbel)*				■	■							
Pflanzen von Nachtschattengewächsen *(Tomate, Aubergine und Paprika)*, **eventuell auch von Kürbisgewächsen**					■							
Pflanzen von Saisonkartoffeln					■							
Ernte von spätem Frühjahrsobst *(je nach Sorte: Kirsche, Erdbeere und Himbeere)*					■	■						
Aussaat an Ort und Stelle von Kürbisgewächsen *(Zucchini, Gurke und verschiedene Kürbisse)*						■						

■ Allgemeine Arbeiten ■ Gemüse ■ Kräuter/Gewürzpflanzen ■ Obst

Die angegebenen Daten können je nach regionaler Lage des Gartens und Kultureigenheiten variieren.

DURCHZUFÜHRENDE TÄTIGKEITEN	J	F	M	A	M	J	J	A	S	O	N	D
Dritte Aussaat an Ort und Stelle von Kräutern und Gewürzpflanzen *(Petersilie und Basilikum)*						■ Kräuter/Gewürzpflanzen						
Pflanzen von Einlagerungskartoffeln und Verpflanzen von Lauch						■ Gemüse						
Auflegen einer saisonalen Mulchschicht oder Ergänzung der bestehenden Schicht *(Stroh, Häcksel, Kompost, kompostierter Stallmist)*			■ Allgemeine Arbeiten			■ Allgemeine Arbeiten				■ Allgemeine Arbeiten	■ Allgemeine Arbeiten	
Aussaat von Sommer-Gründünger *(Phacelia)*					■ Allgemeine Arbeiten	■ Allgemeine Arbeiten						
Kontinuierliches Gießen					■ Allgemeine Arbeiten	■ Allgemeine Arbeiten	■ Allgemeine Arbeiten	■ Allgemeine Arbeiten				
Aussaat an Ort und Stelle von Sommergemüse *(Bohne, Schnitt-und Mesclun-Salat, Sommerendivie, Rote Bete, Sommerradieschen, Portulak, Weiße Rübe, Steckrübe)*						■ Gemüse	■ Gemüse	■ Gemüse				
Pikieren *(Kopfsalat, Krause und Glatte Endivie)*						■ Gemüse	■ Gemüse	■ Gemüse				
Ernten von Sommergemüse *(Zucchini, Gurke, Tomate, Paprika, Aubergine, Kartoffel, Kopfsalat, Endivie, Artischocke, Blumenkohl, Brokkoli, Neuseeländer Spinat usw.)*						■ Gemüse	■ Gemüse	■ Gemüse				
Ernten von Kräutern und Gewürzpflanzen *(Dill, Koriander, Basilikum, Petersilie, Majoran, Thymian, Ysop, Salbei usw.)*						■ Kräuter/Gewürzpflanzen	■ Kräuter/Gewürzpflanzen	■ Kräuter/Gewürzpflanzen				
Ernten von Sommerobst *(je nach Sorte: Aprikose, Pfirsich, Kirsche, Pflaume, Apfel, Birne, Feige, Rote und Schwarze Johannisbeere, Himbeere, Brombeere und Erdbeere)*						■ Obst	■ Obst	■ Obst				

DURCHZUFÜHRENDE TÄTIGKEITEN	J	F	M	A	M	J	J	A	S	O	N	D
Entfernen der Stecklinge von Kräutern und Gewürzpflanzen *(Salbei, Thymian, Rosmarin, Lorbeer, Bohnenkraut, Ysop und Oregano)*							■	■				
Entfernen der Stecklinge von kleinfruchtigen Sträuchern *(Rote und Schwarze Johannisbeere)*							■	■				
Vierte Aussaat an Ort und Stelle von Kräutern und Gewürzpflanzen *(Petersilie und Kerbel)*								■				
Aussaat von Herbstgemüse *(Feldsalat, Spinat, italienische Endiviensorten, Chinakohl, Rauke, Winterkresse, Winterportulak und Winterkopfsalat)*								■	■	■		
Aussaat von Herbst-Gründünger *(Rübsamen, Raps, Wilder Senf)*									■	■		
Pikieren *(italienische Endiviensorten und Winterkopfsalat)*									■	■	■	
Ernten von Herbstgemüse *(Weiße Rübe, Steckrübe, Weiß- und Rotkohl, Chinakohl, Staudensellerie, Spinat, Rote Bete, Kardone, Kartoffel usw.)*									■	■	■	
Ernten von Kräutern und Gewürzpflanzen *(Petersilie, Kerbel, Minze, Dill- und Koriandersamen)*									■	■		
Ernten von Herbstobst *(je nach Sorte: Apfel, Birne, Quitte, Pflaume, Pfirsich, Feige, Kiwi, Tafeltraube, Himbeere und Erdbeere)*									■	■		
Schnitt von Steinobstbäumen *(Pflaume, Kirsche, Aprikose)*									■	■		
Pikieren von Herbst-Lauchgewächsen *(Violetter Knoblauch, Graue Schalotte)*										■		

■ Allgemeine Arbeiten ■ Gemüse ■ Kräuter/Gewürzpflanzen ■ Obst

Die angegebenen Daten können je nach regionaler Lage des Gartens und Kultureigenheiten variieren.

DURCHZUFÜHRENDE TÄTIGKEITEN	J	F	M	A	M	J	J	A	S	O	N	D
Schnitt von Kernobstbäumen *(Apfel, Birne und Quitte)*	■ (Obst)	■ (Obst)	■ (Obst)							■ (Obst)	■ (Obst)	■ (Obst)
Schnitt von kleinfruchtigen Sträuchern		■ (Obst)	■ (Obst)							■ (Obst)		
Auflegen einer Strohschicht auf weniger widerstandsfähigem Gemüse *(Karotte, Weißkohl, Krause und Glatte Endivie)*										■ (Gemüse)		
Anpflanzen von Bäumen und Sträuchern *(alle außer den besonders kälteempfindlichen wie Kiwi und Feige)*										■ (Obst)	■ (Obst)	
Ausbreiten organischer Meliorationssubstanzen *(Kompost und kompostierter Stallmist)*										■ (Allgemeine Arbeiten)	■ (Allgemeine Arbeiten)	
Frostgeschütztes Aufbewahren von Gemüse (*Kartoffel, Rote Bete, Knollensellerie, Riesen- und andere Winterkürbisse)*	■ (Gemüse)	■ (Gemüse)	■ (Gemüse)	■ (Gemüse)							■ (Gemüse)	■ (Gemüse)
Kellerlagerung von Obst *(je nach Sorte: Einlagerungsäpfel und -birnen, Kiwi)*	■ (Obst)	■ (Obst)	■ (Obst)	■ (Obst)							■ (Obst)	■ (Obst)
Vorbereiten der Aufgabenliste für das kommende Jahr	■ (Allgemeine Arbeiten)											■ (Allgemeine Arbeiten)

GLOSSAR

Ableger: Sprössling einer Pflanze.

Big-Bag: Verpackung von 1000 l oder mehr, die entsprechende Beförderungsmittel erfordert.

Erhöhter Wasserstand: Stehendes Wasser, das sich auf kompakten Böden oder stark lehmiger Erde bildet.

Frühkultur: Kulturmethode, die eine vorgezogene Ernte ermöglicht, in dem an geschützter Stelle das Wachstum der Pflanzen beschleunigt wird.

Humus: Letzter organischer Rest der Zersetzung pflanzlicher Materie.

Melioration: Zusatz von meist organischem Material, das den Boden anreichert und seine physische Struktur verbessert.

Mesophile Pflanze: Pflanze mit mittleren Ansprüchen. Von griech. *mesos* „in der Mitte, mittlerer" und *philein* „lieben".

Organische Materie: Lebendiges Produkt pflanzlichen Ursprungs, das durch Verwesung zu Humus wird.

Pflanzliche Abdeckung: Organische Mulchschicht, Pflanzen oder Gründünger.

Samenbildung: Auftreten des Blütenschaftes bei erwachsenen Pflanzen.

Strohmulch: Pflanzliche Abdeckung aus gehäckseltem Stroh oder strohigem Stallmist.

Zugaben: Gekauftes Material – vor allem Dünger und Behandlungsprodukte –, die im konventionellen Acker- und Gartenbau zur Steigerung der Erträge eingesetzt werden.

INDEX